大家小书

维也纳学派哲学

洪谦 著

北京出版集团
北京出版社

图书在版编目（CIP）数据

维也纳学派哲学 / 洪谦著. — 北京 ：北京出版社，2022. 3

（大家小书）

ISBN 978-7-200-16326-1

Ⅰ. ①维… Ⅱ. ①洪… Ⅲ. ①维也纳学派（哲学）—研究 Ⅳ. ① B521

中国版本图书馆 CIP 数据核字（2021）第 008939 号

总 策 划：安 东 高立志 责任编辑：邓雪梅

·大家小书·

维也纳学派哲学

WEIYENA XUEPAI ZHEXUE

洪谦 著

出 版 北京出版集团

北 京 出 版 社

地 址 北京北三环中路 6 号

邮 编 100120

网 址 www.bph.com.cn

总 发 行 北京出版集团

印 刷 北京华联印刷有限公司

经 销 新华书店

开 本 880 毫米 ×1230 毫米 1/32

印 张 11.125

字 数 193 千字

版 次 2022 年 3 月第 1 版

印 次 2022 年 3 月第 1 次印刷

书 号 ISBN 978-7-200-16326-1

定 价 49.80 元

在维也纳大学任教期间的洪谦先生（1935）

总　　序

袁行霈

“大家小书”，是一个很俏皮的名称。此所谓“大家”，包括两方面的含义：一、书的作者是大家；二、书是写给大家看的，是大家的读物。所谓“小书”者，只是就其篇幅而言，篇幅显得小一些罢了。若论学术性则不但不轻，有些倒是相当重。其实，篇幅大小也是相对的，一部书十万字，在今天的印刷条件下，似乎算小书，若在老子、孔子的时代，又何尝就小呢？

编辑这套丛书，有一个用意就是节省读者的时间，让读者在较短的时间内获得较多的知识。在信息爆炸的时代，人们要学的东西太多了。补习，遂成为经常的需要。如果不善于补习，东抓一把，西抓一把，今天补这，明天补那，效果未必很好。如果把读书当成吃补药，还会失去读书时应有的那份从容和快乐。这套丛书每本的篇幅都小，读者即使细细地阅读慢慢地体味，也花不了多少时间，可以充分享受读书的乐趣。如果把它们当成补药来吃也行，剂量小，吃起来方便，消化起来也容易。

我们还有一个用意，就是想做一点文化积累的工作。把那些经过时间考验的、读者认同的著作，搜集到一起印刷出版，使之不至于泯没。有些书曾经畅销一时，但现在已经不容易得到；有些书当时或许没有引起很多人注意，但时间证明它们价值不菲。这两类书都需要挖掘出来，让它们重现光芒。科技类的图书偏重实用，一过时就不会有太多读者了，除了研究科技史的人还要用到之外。人文科学则不然，有许多书是常读常新的。然而，这套丛书也不都是旧书的重版，我们也想请一些著名的学者新写一些学术性和普及性兼备的小书，以满足读者日益增长的需求。

“大家小书”的开本不大，读者可以揣进衣兜里，随时随地掏出来读上几页。在路边等人的时候，在排队买戏票的时候，在车上、在公园里，都可以读。这样的读者多了，会为社会增添一些文化的色彩和学习的气氛，岂不是一件好事吗？

“大家小书”出版在即，出版社同志命我撰序说明原委。既然这套丛书标示书之小，序言当然也应以短小为宜。该说的都说了，就此搁笔吧。

《维也纳学派哲学》导读

韩林合

洪谦（1909—1992，外文名Tscha Hung），又名洪潜，号瘦石，祖籍安徽歙县，生于福建。当代中国著名哲学家，维也纳学派成员。1934年在维也纳大学获哲学博士学位。此后历任清华大学、西南联合大学、武汉大学、燕京大学、北京大学教授，长期担任北京大学外国哲学研究所所长。1984年被母校维也纳大学授予名誉博士学位。代表作有《维也纳学派哲学》《逻辑经验主义》论文集。哲学上坚守维也纳学派的哲学立场。

1937年回国后，洪谦便以极大的热情向国内学界介绍维也纳学派的思想。在《思想与时代》月刊上发表了《自然科学与精神科学》（1942年第15期）、《石里克的〈普通认识论〉》（1943年第24期）、《维也纳学派与现象学派》（1944年第35期）；在《哲学评论》上发表了《维也纳学派与玄学问题》（1943年第8卷第3期）、《或然性的逻辑分析》（1944年

第9卷第1期）、《论“新理学”的哲学方法》（1946年第10卷第1期）；在《科学概论新编》（正中书局，1948年版）中发表了《维也纳学派与现代科学》；在《学原》上发表了《康德的先天论和现代科学》（1947年第1卷第6期）。

1944年底，以此前发表的文章为基础，洪谦编写了《维也纳学派哲学》一书。1945年，该书由上海商务印书馆出版。1989年，该书由北京商务印书馆修订再版，另外加上了《维也纳学派与现象学派》《论〈新理学〉的哲学方法》《康德的先天论和现代科学》等三篇文章。

这些文章进而使《维也纳学派哲学》一书对当时还算活跃并颇具创造力的中国哲学界产生了相当大的震动，使得当时一些重要的哲学家不能不重视该学派的思想（特别是其拒斥形而上学的极端立场），并以某种方式对其做出回应。比如，当时正处于创造高峰期的中国现代著名哲学家冯友兰在其“新理学”哲学体系中就以非常独特的方式对维也纳学派对形而上学的批判做出了回应。

《维也纳学派哲学》一书的主要内容包括如下几个方面：

（1）原汁原味地介绍维也纳学派的科学观、哲学观。按照维也纳学派的观点，哲学不能独立于科学之外，更不是科学的女皇，而是科学范围内的一种特殊的活动，即意义澄清活动。

哲学家的世界观的建立必须要以科学的世界图景为根据。

（2）全面介绍了维也纳学派对待传统形而上学的态度。众所周知，维也纳学派成员对传统形而上学是持批判态度的。在他们看来，传统形而上学命题是无法证实的，因而没有理论上的意义。这样的极端的观点不免给人造成这样的印象：维也纳学派企图完全取消形而上学。洪谦在一些文章中欲极力去除人们的这种印象：维也纳学派并不想取消形而上学，而仅仅是要划出它的适当的范围，因而进一步揭示出其本质。他说："形而上学确能给我们以生活上许多理想和精神上许多安慰。"

（3）以维也纳学派的哲学观为基础，洪谦批评了冯友兰的"新理学"的形而上学，指出：冯友兰所谓真正的形而上学命题就既不能对实际有所解释，也不能为宇宙人生提供意义。我们从诸如"上帝存在""灵魂不死""意志是自由的"之类的传统的形而上学命题中可以得到在理想上的许多丰富的感觉、优美的境界，得到许多满足和安慰。但是，如果冯先生的形而上学命题果真如他所言都是分析命题，是同语反复式，那么我们从其中不仅无有如此的感觉境界、满足和安慰，甚至于似乎有点儿"无动于衷"之感。

2021年4月1日

谨以此书献给我敬爱的老师石里克教授

莫利兹·石里克（Moritz Schlick，1882—1936）

目 录

001 / 序 言
006 / 一 石里克与维也纳学派的创立
033 / 二 现代哲学的新趋势
057 / 三 逻辑实证论的基本思想
076 / 四 现代自然哲学中的几个基本问题
099 / 五 量子物理学与因果问题
141 / 六 或然性的逻辑分析
161 / 七 形而上学问题的哲学分析
182 / 八 意义真理与形而上学
193 / 九 自然科学与精神科学
204 / 十 自然科学与哲学

216 / 十一　弗雷格、罗素与数理逻辑问题
230 / 十二　石里克的人生哲学简述
239 / 十三　介绍石里克的《普通认识论》
255 / 十四　介绍维特根斯坦的《逻辑哲学论》
261 / 十五　介绍卡尔纳普的《宇宙的逻辑构造》

266 / 附录：
一、维也纳学派与现象学派
二、论《新理学》的哲学方法
三、康德的先天论与现代科学
315 / 参考书目

序　言

维也纳学派是现代哲学中一个新起的重要学派。这个新起的哲学流派在我国，虽然有人认为已有“若干年的历史”，但是，我们除了只知道其中若干人的生平履历和作品目录之外，一切其他方面的了解，实在是无法谈到的。

因此一部“维也纳学派哲学”或许不仅不是我国哲学界中一部多余的书，而且能是一般富于哲学兴趣的人所希望的一部书！

不过这本“维也纳学派哲学”恐怕不能满足读者这样的愿望。因为它本不是专为论述“维也纳学派哲学”而写的一部专著，仅是作者应贺自昭先生之约将其在《学术季刊》、《哲学评论》、《思想与时代》等刊物上发表过的关于维也纳学派的文章，略加整理而成者，所以这本“维也纳学派哲学”所能给读者的，不在于对于维也纳学派的哲学整个的介绍或系统的叙述，而在于什么是这个哲学学派的理论原则和思想方法，此外即为若干传统的哲学问题——尤其是形而上学问题——由于这个新哲学之发展所得的结论是什么而已。

固然就另一方面言，我们也无法否认在现在参考书缺乏状况之下，一部为维也纳学派的哲学作一较系统的介绍或叙述的书，确是不容易写出的。就是写这样的一本“维也纳学派哲学”，作者几乎费了四年的工夫，而其中还有许许多多的问题因为上述的困难，也还不能得到满意的解决！

假如读者于阅读此书以后对于维也纳学派的哲学还继续发生兴趣，那么只有再到维也纳学派石里克、维特根斯坦、卡尔纳普、弗兰克、纽拉特、克拉夫特、魏斯曼等人的著作园地里去浏览。那里面包含了许多关于人类思想学术文化的有价值的思想，也还有许多探索人类精神境界的科学途径，只好让读者自己去选择了。

本书整理完成之后，不禁忆及七年前在维也纳时的情景。那时的导师石里克先生舍弃我们已经八年了，那时日夕相聚的友人如魏斯曼，同学如谢希特尔（Dr. J. Schächter），林德曼（Dr. H. Lindermann），盖莫纳特（Dr. L. Gyemonat），霍里歇尔（Dr. W. Hollicher），乌姆尔（Dr. K. Ulmer）等，也已经三年无消息了。还有十数年如一日给我许多珍贵的指导和友爱的挚友程衡兄，也已经离弃人间多年！此外如梁任公、梁廷灿二先生，十年前不是作者的恩师就是畏友，也都成了历史中的人了。只剩作者如曼殊大师所言“浊世昌披”，“磨劫未尽”，言念及此，感慨系之，诚不能自已了！

洪谦　昆明，一九四四年元旦

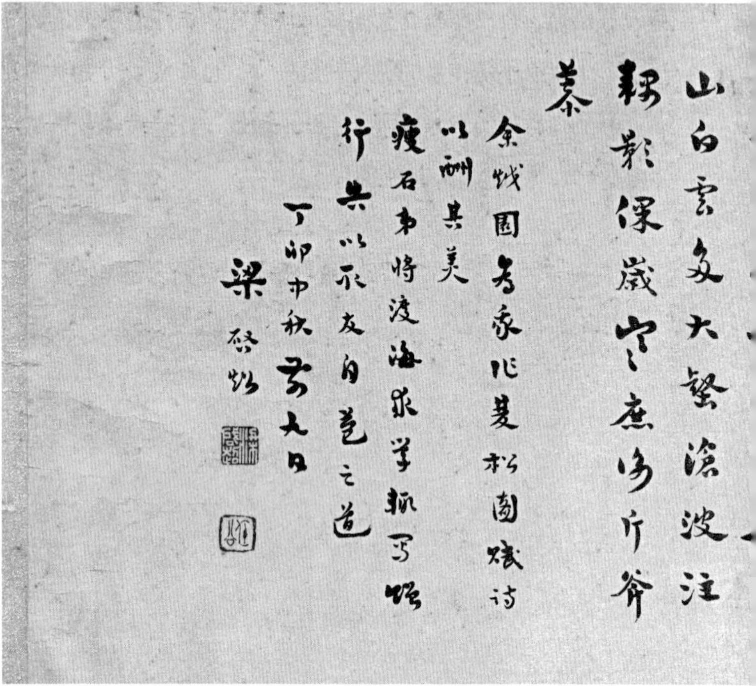

1927年，由梁启超先生安排，赴德国耶拿大学学习天文物理，梁启超先生手书条幅相赠：

故人造我庐，遗我双松树。微尚讬荣木，贞心写豪素。
其下为直干，离立复盘互；其上枝柯交，天半起苍雾。
由来养大材，首在植根固。亦恃骨鲠友，相倚相夹辅。
不然匪风会，独立能无惧？秋气日棱棱，群卉迭新故。
空山白云多，大壑沧波注。耦影保岁寒，庶谢斤斧慕。

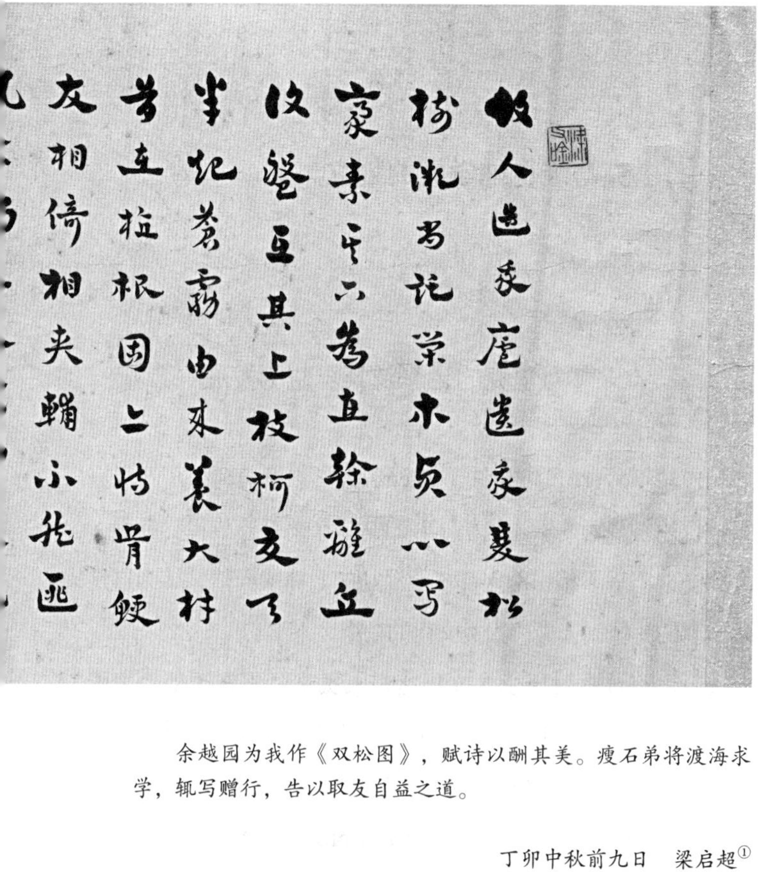

余越园为我作《双松图》，赋诗以酬其美。瘦石弟将渡海求学，辄写赠行，告以取友自益之道。

丁卯中秋前九日　梁启超[1]

① 杨璐释。

一　石里克与维也纳学派的创立

（一）石里克的生平及其思想的发展

1936年6月22日维也纳（Wien）大学教授莫利兹·石里克被一位患神经病的学生枪杀了！自从这个噩耗震传世界以后，无论与他相识不相识的人都表示深切的悲痛或同情，认为这是哲学界的一个大损失，人类文化的一个大不幸！

石里克过去对于学术文化之最大贡献，不在于他的逻辑实证论（der logische Positivismus）的哲学，而在于他能综合赫尔姆霍兹（H. Helmholz）、马赫（E. Mach）、阿芬那留斯（A. Avenarius）、波尔兹曼（L. Boltzmann）、彭加勒（H. Poincaré）、弗雷格（G. Frege）、罗素（B. Russell）的思想，完成了一个“科学的哲学”的理论基础。所谓“科学的哲学”是溯源于孔德（A. Comte）和穆勒（J. S. Mill），到了马赫、波尔兹曼、奥斯特瓦尔德（W. Ostwald）、彭加勒、罗素才发展起来；但是使它能脱离一切传统思想而自成一个哲学体系，则不能不归功于维也纳学派（der Wiener Kreis）领袖石里克了。

莫利兹·石里克，德意志人，1882年4月25日生于柏林。他的家庭是一个贵族而兼营实业者。石里克在幼年对于物理、数学非常感兴趣，因此入了大学就把物理、数学当作他研究的对象。1904年他向柏林大学提出一篇关于光学的论文，同时在大物理学家普朗克（M. Planck）教授指导之下，得了哲学博士学位。离开大学之后，他的研究兴趣即转移到哲学方面，尤其是对于人生哲学与美学的基本问题。至于他的教学生活是从1910年开始的。1910年任罗斯托克（Rostock）大学哲学讲师，1920年任基尔（Kiel）大学哲学教授，1922年任大物理学家马赫与波尔兹曼所创立的维也纳大学自然哲学研究院主任教授。1929年与1931年曾两度赴美，任加利福尼亚与斯坦福大学的哲学讲座教授。此外他从未离开维也纳，维也纳竟成了他的临终之地了！

石里克为提倡“科学的哲学”运动，曾手创现今驰名的维也纳学派。维也纳学派成立以后，所谓柏林学派（Berliner Gruppe）、布拉格学派（Prager Schule）、华沙学派（Warschauer Kreis）也相继的成立。这三个著名的学术团体，都是从不同的问题与方法中，从事于“科学的哲学”研究的。维也纳学派在石里克领导之下，不仅成了世界的科学的哲学的运动中心，同时对于学术思想的贡献，有由他与弗兰克（Ph. Franck）出版的《科学世界观丛书》（*Schrift zur Wissenschaftlichen Weltauffassung*），有由卡尔纳普（R. Carnap）与赖辛巴赫（H. Reichenbach）主编的《认识》杂志（*Erkenntnis*），有由卡尔纳普与纽拉特（O. Neurath）出版的《统一科学》（*Die Einheitswissenschaft*），还有在布拉格、遂里堡、巴黎、剑桥所举行的“统一科学大会”，这都是现代学术发展史中具有非常的意义的。

石里克哲学的发展过程，原则上能分作前后两时期。在前一时期中他是一个经验的批判的实在论者（Empirisch-kritischer Realist），影响他最深的除休谟（D. Hume）、马赫、阿芬那留斯之外，要算赫尔姆霍兹、彭加勒与罗素了；在后一时期中他已经放弃以前的立场，而成了一个逻辑经验论者（Logischer Empirist）；影响他最深的除维特根斯坦（L. Wittgenstein）之外，卡尔纳普是最多了。石里克的名著《普通认识论》（*Die Allgemeine Erkenntnislehre*）与《自然哲学》（*Die Naturphilosophie*）仅能代表他前一期的哲学；至于他后一期的哲学可资参考的，仅有零碎发表的文章而已。虽然石里克对此已有写作的计划；可惜这个计划还未实现，他已被人枪杀了！这位大哲学家的早死，如何不是哲学界的一个大损失，人类文化的一个大不幸呢！

（二）哲学问题与哲学方法

石里克认为哲学不是一种理论科学，而是分析科学基本命题的一种逻辑的方法。所以哲学在原则上不能超出科学或与科学并列，应属于科学范围内活动的一种学问。哲学与科学的对象虽然均为科学理论，但是各自的方面不同；哲学为说明科学理论的问题，科学则为解决科学理论的问题。关于解决方面的问题，是事实问题，是理论科学的任务，关于说明方面的问题，是语言逻辑（Die Sprachlogik）的问题，则是哲学的任务了。

所谓哲学的方法是逻辑的分析方法。许多理论问题的产生，本来并无事实的原则，仅是因为心理的状态语言的应用所引起的概念上文法上的错误，以致从自相矛盾而产生所谓“不能解决的问题”。假如我们发现如此的“病理现象”问题，那么哲学的意义分析是它唯一的治疗方法。同时从应用这个治疗方法中就会见到：许多“不能解决的问题”不是它在原则上无说明的意义，就是在这些问题当中有了“语言的含混性”。由此我们不仅理解什么是“不能解决的问题”，就是科学与哲学的不同点，也随之而益理解。石里克曾说：“哲学是确定或说明命题意义的活动（die Tätigkeit），应用这个活动虽能说明命题之有无意义，但是发现有意义的命题则在于科学了。”

石里克与维特根斯坦一致认为，哲学的任务是分别明确的思想与含混的思想，发挥语言的作用与限制语言的乱用，确定有意义的命题与无意义的命题，辨别真的问题与假的问题，以及创立一种精确而普遍的“科学语言”（die Wissenschaftsprache）。卡尔纳普与纽拉特主张“物理的语言”（die Physiksprache）为“科学的统一语言”，就无非是根据石里克与维特根斯坦的意见而提出的。

（三）意义的标准与形而上学的不可能

哲学虽能说明命题之有无意义，但不能建立有意义的命题，因为一切有意义的命题均是对于事实有所表达（mittilen），有所叙述（ausdrucken）。所以一个命题所表达所叙述的事实能否由经验证实，就是这个命题之为真为假，或有无意义的标准。凡是事实的或科学的命题，在原则上都具有经验的证实可能性；它是一个真的或假的命题，但决不能成一个既不真又不能假的无意义的命题。传统的形而上学命题，如“外界是存在的”，“世界的本质是物的或是心的”，“时间空间的观念是相对的或是绝对的”，虽然具备了其他命题的语言形式，但是它们之为真为假根本就无证实的可能；它们不过是一种无事实对象的事实表达，无事实内容的事实叙述而已。所以，这一类的命题不仅无经验的证实可能性，同时还无原则的证实可能性；一个无经验的证实可能性的命题还能想象，还能假定其存在；但是一个无原则的证实可能性的命题，是不能想象的，是自相矛盾的。

形而上学之为知识理论是不可能的，因为形而上学家误解了知识的内容（Erkenntnisinhalt）与感情的内容（Gefühlsinhalt），知识的内容在于它的真理性是能由经验证实的，至于感情的内容则是一种感觉，一种体验。所以石里克认为形而上学之无理论根据，不是在于“人类未具有解决形而上学问题的理智”，而是在于形而上学家根本“认错了知识的概念”。所谓直观的形而上学是不可能的，因为直观是一种体验，一种生活，却不是一种真理知识；演绎的形而上学是错误的，因为它根本误解了演绎的方法；一个在逻辑上不能当作演绎前提的事实，它想从演绎的结论中得来；归纳的形而上学在归纳的有效前提下虽有可能性，但是这个可能性在事实上则非常之少；不然一个实际的知识体系的科学，就失去了它的基础和作用了。

既然形而上学之为知识理论是不可能的，但它还能引起人们信仰，这是因为它是超经验的、理想的；它能促进我们内心的追求，满足我们感情的热望，如同诗人艺术家之对于他们的诗歌艺术作品一样。虽然在哲学中见不到所谓“碧蓝的天空”或“深黄的草色”，但是它之所谓“灵魂不死”、“上帝存在”，又何尝不是一种富于理想性的词句？何尝不是一种带有文学性艺术性的作品？石里克认为“形而上学是概念的诗歌”，这样的对于形而上学本质的见解，是任何形而上学家所不能想到的。

（四）知识的本质与体验的作用

石里克认为彻底说明形而上学在知识理论中的作用，则必须根本区别体验（Erleben）与知识的概念不可。一切科学知识原则上仅是一种形式的秩序关系的假定，同样的对象而能在不同的事实中发现，种种不同的事实而能从相同的概念上说明，甚至于科学之目的也在于“经济原则”（das ökonomische

Prinzip）的努力。虽然体验是知识的起点，知识的原料，但知识并不因之而成了体验，体验亦不因之而成了知识，因为知识与实际的关系不在它们品质的一致性（die Qualitäteinheit），而在它们结构的相似性（die Strukturähnlichkeit），所以知识的内容，是形式的构造符号的体系，关于体验的内容，则是品质所与的直观。它们是根本不相同的。

我们对于一种品质所与的内容虽能用语言为之记号（bezeichnen），但不能用语言为之表达，因为凡能表达的仅是逻辑的形式构造，或者说许多品质间的所与间的一致性相似性或不同性而已。譬如我们看见一种颜色或感到一种乐趣，虽能理会（kennen）什么是颜色，什么是乐趣，但并不因之而认识（erkennen）什么是颜色，什么是乐趣，关于所谓品质所与的命题，这是红的或绿的，我们的牙是痛的等等，虽然具有它们的意义，但这个意义是主观的、指示的，而不是客观的、说明的。因此石里克会说：知识仅在于实际的“形式”，不在于实际的“内容”。至于实际的“形式”与实际的“内容”之关系，并不是如康德（I. Kant）所谓“现象”与“物自体”，仅仅是前者为简单的原因，用以代表后者而已，如同图书馆中卡片为简单的原因，用以代表藏书一样。我们可以问：代表某本书的卡片离了它的对象是怎样的么？石里克认为这是理论上一个形而上学的无意义的问题。

我们从事实的表达中或叙述中就会见到，所谓意义有根本不同的两种：一种主观所与的意义是指示的、体验的，一种客观的形式的意义是说明的、认识的。许多形而上学家因为误解体验与知识的本质，所以将这两种意义混淆起来；将不能指示的意义加以指示，不能说明的意义加以说明，结果便产生许多形而上学的无意义的问题。所以石里克曾说："形而上学家的努力一向是看错了方向；他想将纯粹的体验的内容，当作一种知识去表达；将不能说明的加以说明，岂知体验的内容是原则上不能表达的，仅能从所与中指示出来，但是这样对于知识理论是毫无作用的。"

（五）真理的概念与真理的效用

石里克认为真理的概念能分作两种：一为"形式真理"，一为"经验真理"。"形式真理"是以分析命题为根据。分析命题之所以是先天的（apriori），即因分析科学如数学、逻辑等都以纯粹形式定义的假定为理论基础，所以在每个演绎推论中，结论的证据（das Argument）已经包含在前提之内。一切形式的演绎推论，事实上仅是一种符号的语言关系，用同值（äquivalent）的形式加以变换（umformen）而已。所以对于分析命题的效用之怀疑，是原则上不可能的，因为我们对于语言概念的应用法则已经明白，那么对于种种不同的变换方式与种种不同的形式结论自然也随之而明白。石里克曾说：“分析命题，仅是叙述同值词句的纯粹形式的变换，仅能当作证明、演绎、与计式（Kalkül），一种技术的方法，它是一个同语反复（die Tautologie）。同语反复自然为先验真理，因为它是对于事实无所表达的，与经验是毫无关系的，我们理解两种词句是否同值，根本无须事实的证明，从它所假定的意义中即能判断了。”

但是“经验真理”则根本不同，因为经验科学如自然科学，是一种包含实际知识的命题，是一种表达生活的、科学的事实命题。因此这一类的命题的效用性，自然不能从任何的形式条件或神秘方法“本质直观”（die Wesensschau）中可以证明，而非求之“事实的答复”不可。所谓“事实的答复”就是说：一切经验的命题是以“命题与事实的一致”为它的最后标准；而命题与事实之是否一致，仅有从观察中判断，从证实中证明。一切综合真理之所以是后天的（aposteriori），即因综合的命题不能从理解它的意义中，就能明了它的真假性，在我们了解它们意义之后，还必须证明这个意义是否有能说明的、能证实的意义。石里克认为“经验真理”与“形式真理”的原则不同点“就是前者是以实际的本质（das Wesen der Wirklichkeit）为根据，后者则以语言的形式为根据；所以前者的意义是需要观察来说明的，至于后者的意义，如已理解则就完全理解了”。

一切的命题就其效用而言，仅有两种：一为分析命题，一为综合命题。分析命题是以同语反复的变换（die tautologische Umformung）为对象，是先天的；综合命题是以实际的知识为对象，是后天的。不过康德认为根据这两种命题并不足以说明知识的概念，所以主张要有一种“先天综合判断”（das synthetische Urteil apriori）。所谓“先天综合判断”是以综合命题为对象，但具有分析命题的先天性。同时康德主张几何学、数学、物理学都是属于先天综合的知识范围，都是带先天综合的性质的科学。

但是康德的先天论的知识论，因新科学的进展已失了它的事实根据。现代几何学中如希尔伯特（D. Hilbert）的几何学，是以公理、定理、定义为理论基础，是一种纯粹形式的演绎体系，既无须综合的作用，也无须直观的成分；它之为先天判断，是一种“先天分析判断”而不是“先天综合判断”。相对论中的时空论也与先天综合原则不能一致的：康德认为欧几里得（Euklid）几何学与空间关系是必然先天的；但是爱因斯坦（A. Einstein）则认为几何学与空间的关系，如物理学中其他量度的标准（die anderen Messenbestimmuug）相同，仅能从经验上去选择，但不能从先天上去预知；它是一种综合判断，但不是先天综合判断。康德主张因果律应为先天综合知识之一种；不过根据海森堡（W. Heisenberg）的测不准理论（die Unbestimmheitsrelation），因果律在科学上的应用是有一定的限制的，因此因果律就失去它的先天效用性。因果律之无先天效用性的意义，自然不是证明它已失去理论上的作用，仅是说它之为先天知识的“假定”（das Postulat），在科学中是不可能的。

此外如现代科学理论家彭加勒，爱丁顿（A. Eddington），丁格来尔（H. Dingler）所代表的约定论（der Konventionismus）的趋向，也带了一种新的先天论的色彩，也是不可能的。所有科学的知识命题，不外乎是分析命题与综合命题；一个第三种的命题如“先天综合判断”或其他的判断，不仅是在事实上不可能，同时在科学上也是不需要的。

（六）真理的标准与证实问题

理论的真理标准，除了柏拉图（Platon）的“意念与事实的一致观”以外，最普遍的要算英人所谓真理贯融论（die Theorie der Koherenz）与真理符合论（die Theorie der Korespondenz）。前者认为命题的真理，是在于所观察的命题与它相关命题体系的互相贯融，但是石里克认为这个真理的标准，是误解了“形式真理”与“经验真理”；“形式真理”在于命题间的贯融或不矛盾性（Die Widerspruchlossigkeit），可是，“经验真理”，则在于命题与事实的符合或真假性。所以他说：“一个所观察的命题，仅以与它相关命题体系的贯融为真理标准，那么一部神话也如科学理论一样能视为一种真理体系；因为我们对于一个神话的命题在相当的假定中，亦能使它与它相关的基本命题间呈互相贯融而不矛盾的，不过事实上谁也不将神话的命题看作一种真理的命题。”石里克又说：“命题与相关命题的体系的贯融或不矛盾性是‘形式真理’的标准；仅有以同语反复的变换为基础的形式命题，可以应用真理贯融论的原则，但在综合的知识命题中便失去了它的意义了。”

至于以“命题与事实的一致”的符合论的真理标准，石里克认为在科学的证实方法的前提下，是一个唯一的真理标准。所谓“命题与事实的一致”，自然不在于“直觉的模写关系”（die anschauliche Abbildungsbeziehung），而在于命题中所包含的概念与事实关系的一致，所以石里克之所谓真理是“命题与事实的一致相符性”，错误是“命题与事实不一致的相符性”。——它是一个经验的命题，而不是一个理论的命题。由此我们更能理解石里克的真理标准与证实方法，虽为两种不同的命题，但为一个事实的对象了。

在命题证实的试验中，我们更不难见到：一个命题不仅是真的或是假的，此外还可以是无意义的（sinnlos）。试验一个命题之为真为假，必须证明它与事实是否一致：与事实一致的命题即是真的，反之则为假的。假如一个命题，从证实方法中根本不知其为真假，好似它的真假与证实的试验是不相关的，那么这个命题一定是无意义的。石里克认为“传统的形而上学命题，都是在真的或假的以外的无意义的命题。命题的意义——无论它是真的或假的——都是证实方法的活动；一个在证实方法以外的命题，则是所谓无意义的“似是而非的命题（die Scheinaussage）”了。

（七）对于实在问题的批评

在石里克哲学中最能表现他前后期不同的思想，莫过于他对于实在问题（Die Realitätsfrage）的批评。在这里我们将会看到：他已脱离“经验批判论”，而走到“逻辑经验论”的道上了。

石里克认为实在问题是一个形而上学的问题，而这个形而上学问题之所以产生，是由于唯我论者（der Solipsist）与实在论者（der Realist）不知实在意义，而去否定或肯定“外界的实在”（die Realität der Aussenwelt）的缘故。唯我论者认为“实在是他的感觉”，这就不是一个实在命题，仅是一个“空洞的实在”，所谓同语反复罢了。实在论者认为“真的实在”（das wahre Sein）仅是“物自体的实在”，但未说明这个命题的证实方法：仅从一个命题的定义上是无法确定的，所以它也不是一个实在命题。不过他们对于实在的看法都包含了许多可取的成分，比如唯我论者已看到经验论的思想原则：所谓实在命题必须经过所与的证实而后可能，至于实在论者则认识实在的本质；所谓所与的实在是实在的一部分，因此所与的以外的实在是不能放弃的。假如我们将这个实在成分加以综合、加以组织，那么一个实在的基本命题就随之成立：凡是有一定的时间空间的关系而能经逻辑的组织与所与的证实的，都有实在的可能性。所谓“真的实在”与“假的实在”的区别，不在于实在的对象是否在于所与的内外，而在于能否经过所与的证实。科学的有效公式、电磁的场以及原子、细菌，正如生活中的面包、书本、轮船、火车一样的实在。拿破仑在莫斯科所经历的战绩也如对日抗战一样的实在。唯我论者与实在论者认为仅有在所与的内外的实在，方是“真的实在”，但是这个特殊的实在原则，我们既不能从逻辑上加以说明，也不能从经验上加以证实：因为逻辑上能说明的实在标准，仅在于能否由所与的证实，可不在于能否受所与的限制；至于经验上能证实的，仅为一种能由所与的试验的实在命题，一个不能试验的实在命题，就根本失去它的意义。这样的经验的实在观不仅说明了实在的基本意义，同时还指示我们所谓实在问题，仅是唯我论的与实在论的哲学家的“感情作用”，可是毫无逻辑的、经验的根据的。我们对于这样的问题，自然不能加以肯定或否定，仅能如石里克所说：“所有的形而上学家不是有所主张而是一无主张，我们经验论者不是与你们有所冲突，而是不明白你们所说的话到底有何意义。”

（八）科学的时空概念的分析

现代物理学对于哲学的影响，莫过于时空问题（das Raum-Zeit Problem）。而分析这问题最具创见的，便算以自然哲学家闻名的石里克了。他把相对论以后的时空观念分为两种：一种为主观的体验的时空观，一种为时间空间多元性相对的（die relative Raumzeit-mannifaltigkeit）时空观；前者属于日常生活的；后者则属于新物理学的。我们从这两个不同性质的时空观念中，不仅认识到实际的时间空间并无直观（die Anschauung）的作用，仅是一种形式的构造体系；而且还认识了所谓"时间空间本质"是一个非科学的概念，因为实际的时间空间，或者是主观的体验的时间空间，或者是多元性相对的时间空间，此外并无其他的时间空间，更无所谓时间空间的本质。康德认为时间空间是"纯粹直观的形式"（die Form der reinen Anschauung），同时是科学知识的"必然假定"，不过这种直观形式的时间空间，事实上不外乎是主观的体验的时间空间，所以它是生活中的时间空间，而非科学中的时间空间，至于它之为知识的"必然假定"，在三度空间的实际中是有效用性的，在多元性相对的时间空间的实际中却失去它的意义了。

实际的时间空间究竟是欧几里得空间还是黎曼（Riemann）的空间？石里克认为这是一个关于“时间空间本质”的问题；但是所谓“时间空间本质”则是一个非科学的概念。几何学与空间的关系，不在于“空间的本质”而在于空间的形式：所以某种的空间却不能加以某种几何学的性质。普通相对论之所以不用欧几里得几何学而用黎曼几何学，是因用黎曼几何学来叙述相对论的空间形式，要比较的精确简单。相对论是一种说明实际（die Wirklichkeitserklärung）与预说实际（die Wirklichkeits voraussagen）的自然律（das Wahrscheinlichkeitsgesetz）。这个自然律之所以不用欧几里得几何学而用黎曼几何学，也因黎曼几何学之为其空间的概念，亦比较精确简单。一种精确简单的知识理论体系，是科学的特征，科学的最高理想。这点赫兹（H. Hertz）与马赫已有精致的理论，可惜彭加勒与丁格来尔迷于简单性（die Einfachheit）的概念，所以从他们的约定中又给科学基础以形而上学的成分了。

因相对论的发展，对于几何学本质的问题，也得到了事实的答复。康德认为几何学是一种属于“先天综合判断”的科学，它所引为根据的，是欧几里得几何学的理论基础与它的实际应用，不过欧几里得几何学之为空间的科学在普通相对论中，已失去实际的意义：这里所谓空间观念是黎曼的曲线空间而不是欧几里得的直线空间；这里所用空间的形式不是欧几里得的形式体系，而是希尔伯特的形式系统。石里克因之曾将几何学分为“物理几何学”与“数学几何学”：前者是对于固体（die starre Körper）与光线（die Lichtstrahlung）的关系的叙述，是一种经验命题；后者则为纯数学的“蕴涵定义”（die implite Definition）的体系，是一种数学命题。石里克这种对于几何学的哲学分析，爱因斯坦在他的名著《几何学与经验》中已经完全采用，由此我们可以明白：几何学之为空间的科学是“后天综合判断”而非“先天综合判断”了。

（九）因果律原则与“或然律”定义

实体概念（der Substanzbegriff）在科学中是具有特殊意义的，但有时也常引起许多形而上学问题。石里克认为这类问题的产生，是由于不明了实体的作用。实体在科学上的作用就是规律的作用，种种不同的品质的实际现象，可以用少数经济的数量的科学概念来说明，这便是规律的表现而不是“实体的间接主使”。科学的主要规律是自然律，这个自然律是以因果律（das Kausalgesetz）为基础。不过由于量子物理学的进展，因果律原则已发生了问题；因为根据海森堡的测不准理论，所谓因果律之为自然律基础，是一个不能证明的假设，是无科学意义的。因此对于因果律原则就有种种的非难；因果律是错误的，是空洞的，因果律之为自然律是不可能的。

但是石里克认为这三种非难是无充足理由的。凡是科学的命题都是归纳的命题，归纳为一种无逻辑根据的假设；如是从归纳中所得的结论，仅能证明因果律的或然程度（die Wahrscheinlichkeitgrade），但不能证明它的绝对错误性。假如因果律非关于实际的命题，那么它则是一个同语反复，同语反复的反对性是不相容性（die Kontradiktion），是一个逻辑命题，是根本不能由经验证明的。因果律的原则是否能为自然律的基础，是一个经验事实而不是一个理论问题。即以自然律的基本形式而言，假如精确的因果律的形式不可能，那么能为自然律形式的，仅有统计律（die Statistik），而非数学的或然律（das Wahrscheinlichkeitsgesetz）。统计律是一种不精确的因果律；至于数学的或然律则根本不成其为规律，它不过是一个偶然（der Zufall）的定义而已。量子物理学否定因果律的普遍性，不是因为它是错误的、是空洞的以及因果律之为自然律是不可能的，而是因为它在一定的物理现象之内，有事实的限制；在这种限制之内因果律原则是不能应用的——可以应用的仅是统计律原则——因此我们就能理解因果律原则无效的意义，不在于它已失去理论的地位，而在于它已失去特殊作用——如康德所谓一切知识的“必然假定”——这是无可怀疑的了。

石里克认为或然律在原则上是不能用“相对度数”（die relative Häufigkeit）来定义的。所谓“相对度数”能为数学的或然律的定义，是以“绝对无秩序”与“无限的界限”（über allen Grenze）的假定为其基础。可是在经验上我们既无法确定某种事件的绝对偶然性，也无法从无限的经验中以推想有限的事实；至于假定一个“无限的事件”则更无逻辑的可能性了。因此，石里克对于柏林大学教授赖辛巴赫与米赛斯（E. Mises）的“或然律与统计律的一致观”，是表示反对的，他以为对于或然性概念的分析具有逻辑根据的，仅有由波尔采诺（Bolzano）发见后经克莱思（J. V. Kreis）、维特根斯坦、魏斯曼（F. Waismann）等所发展的活动范围论（Spielraumtheorie）了。

（十）生机论或机械论

石里克对于生机论（der Vitalismus）与机械论（der Mechanismus）的科学观，也有突出的见解。他认为这个问题的产生没有决定的可能性；假如有的话，那么生物学规律仅能根据物理的规律来说明，但却不会与物理学中的机械律有何关系，因为机械律在物理学中久已失去它的普遍性。至于生机论者主张隐得来希（der Entlechien）为科学理论最后基础，那不但无事实的证据，而且也无说明的意义，它不过是一种似是而非的概念（der Scheinbegriff）而已。他们想拿统一性（die Ganzheit）说明生机论的原则，而不知统一性是一个逻辑的概念；谁对于关系逻辑（die Relationlogik）有认识，则谁必须将统一性命题视为已经“包括了部分命题”的，如同谁理解相对论的逻辑，则谁不至视C+V=C（爱因斯坦加法理论）为无意义的一样。由于量子物理学进展与因果律原则的失效所引起对于生机论的观感，如意志自由的可能与目的论的复生等，石里克认为这些都是主观的形而上学的。对于这个问题，石里克在他的名作*Über die Beziehung zwischen physikal. und psycholog. Begriff*已有详细的说明：可惜手边无此文章，不能将他的论述加以介绍，诚一憾事！

（十一）传统实证论

石里克的哲学有人名之为实证论（der Positivismus）。这个名称不仅不能代表他的基本思想，而且容易引起对他误解。

实证论的哲学观念：主要的是以感觉为知识的最后根据，是以“感觉的总和”替代物体的实在。但是石里克则认为知识就其本质而言，感觉的作用与形式的推论是并重的；至于对物体的实在仅为“感觉的总和”的一点，石里克说是实证论者不明纯粹经验的实在原则的错误：“物体的实在与不实在的区别，不在于它本身能否知觉，仅在于它能否经知觉的试验”。虽然实证论者如马赫、波尔兹曼与维也纳学派之产生，不无历史的关系；但是因为这个历史的关系，就将石里克视为传统实证论的承袭者，不免太无事实的根据了。

石里克在他的名作《实证论与实在论》文中曾说过：“假如有人非将我的哲学视为实证论的一种不可，那么他应当在实证论前加一个形容词：如‘逻辑的或逻辑司底克的实证论’（der logische oder logistische Positivismus）；不过我总觉得用‘彻底的经验论’（der konsequente Empirismus）名称，比那一种更较适宜。”

（十二）石里克的人生哲学

石里克的《生活智慧》（*die Lebensweisheit*）与《生活的意义》（*Von Sinn des Lebens*）两部书，包含了他的全部

的人生哲学。他在《生活智慧》中认为生活的最高智慧是如奥古斯丁所说：“你应当择你所乐为的而为，则结果决不会不对的（ama et fac quod vis）”；或者如席勒（F. Schiller）所说：“人仅有在‘游艺’的时候方是一个完全的人”。所谓“游艺”（Das Spiel）的概念，可以说是石里克的人生哲学的基本观念。不过他之所谓“游艺”不是运动或玩耍的意义，而是表现人之绝对自由的志愿而不为其他目的所支配的活动。他认为“一切的知识都是精神‘游艺’的结果；许多科学家集其全身之力从事于测量宇宙之谜而不以其所得为念者，这就是纯粹‘游艺’的人生哲学的表现；人类文化的进展与价值，都靠这个人生观念而产生的”。

石里克在他的《生活的意义》中，与尼采（F. Nietzsche）一致地承认：生活在一定目的支配下是毫无意义的。所以他说：整个文化的意义是在于使人类“青春化”（die Verjüngung）。所谓“青春化”者，在哲学的意义中是说人类一切的作为都不应为一定的目的所支配，就是在生活中所需要的也应当看作“游艺”一样。生活的意义是在“青春”（die Jugend），这里所谓“青春”不是指年岁而言，而是对于人生一种看法。石里克曾说：我们常说到“青春的热情”，这是一种恰当的说法；因为热情总是青年所有的，事业的热心与青年的热心是有同样热度的。假如人类的工作，是“青春的热情”的表现，是“青春的热情”的活动结果，那么人类的最后解放可说已达到了，人类的工作不为目的所支配了，人类将会觉得生活的真正意义了。因此他又说：所谓“生活就是庆祝生存”，谁过了许多青春的生活，则谁的生活格外有价值，就是他早死了，他所过了的生活还是有意义的。

石里克认为生活与知识是同样重要的：“仅为知识而生活是空虚的，仅为生活而生活是贫乏的。”从这一点上我们就会理解：石里克不仅是一个思想家，而且是一个哲学家；同时世界上亦以哲学家誉之，溯其原因亦不外如此。

附　记

去年十月里中国哲学会在昆明开会，我曾为它写了一篇名为《石里克的逻辑实证论》的文章。这篇文章就是根据那篇整理而成的。不过现在发表出来，我觉得是非常的唐突，因为：

（一）这篇文章是以介绍石里克的哲学思想为对象，但是石里克的著作在我手边就没有几本，所以这篇文章大部分是从回忆中榨取出来的。虽然我相信大体上是不会有错误；不过因许多名词翻译与文章修辞的不恰当而引起内容的问题，这是一定不能避免的。石里克为发挥他所主张的哲学的作用，所以对于哲学名词的应用是非常慎重；就以他的哲学文章而言，在修辞上、结构上也是非常缜密周到，因此就增加了对于叙述他的思想的人许多不可形容的困难，尤其是像我这样文章技术恶劣的人更感到棘手了。

（二）石里克对于伦理学的看法，曾在“科学世界观丛书”出版一本《伦理学问题》，据吉赛尔（E. Zisel）的意见，“这本书不仅指示了人生问题的科学分析，同时将著者的热烈的情感的世界也说出来”。此外为说明“生”理学与“物”理学的逻辑基础发表一篇名为*Über die Beziehung zwischen physikal. und psycholog. Begiff*的文章。据魏斯曼说：这篇文章是石里克在1925年以后发挥他的哲学思想最精细的成熟的作品。可惜我手边没有这篇文章与那本书，同时对于它们的印象也非常模糊，所以无法将它们加以介绍，诚是一大憾事。

石里克逝世转瞬就是四周年了。这篇文章之所以不揣固陋地发表出来，一方面是想引起我国哲学界对于这位哲学家的注意，一方面则表示我个人因失了这位敬爱的导师所感到的悲痛！

在石里克的指导下，洪谦先生在维也纳大学以博士论文《现代物理学中的因果问题》（Das Kausalproblem in der heutigen Physik）获博士学位，是维也纳大学第一位留校工作的外籍教师（1934）

二　现代哲学的新趋势

（一）逻辑与现代哲学思想的发展

逻辑对于哲学发展的影响，的确非常之大。过去亚里士多德的形式逻辑且不必说，就以弗雷格、罗素的数理逻辑来说，假如没有它，如何能生产一个新的哲学趋势呢?

所谓数理逻辑是溯源于莱布尼兹（Leibniz），但它的理论基础与形式体系，则经弗雷格、罗素努力之后，方才相继成立。弗雷格、罗素的数理逻辑的应用，是从解决数学的基础问题开始，后来渐渐影响到哲学范围里。但是它在数学中的作用不如在哲学中为大：在数学中它不过是一种数学的基本方法，在哲学中它除了是一种哲学方法以外，同时还是对于逻辑本质（das Wesen des Logischen）一种新见解的根据①。

从数理逻辑中发现这个逻辑的新见解的，不是弗雷格或罗素，而是著名的逻辑理论家维特根斯坦，但是应用这个逻辑的新见解而创造一个新的哲学趋势的，则不能不归功于维也纳学派领袖石里克了。

逻辑之为纯粹形式的科学之一种，这是无疑问的。但是我们并不因了解逻辑之为纯粹形式的科学，就能了解什么是逻辑的形式，因为根据亚里士多德的逻辑或以它为基础的逻辑理论，对于纯粹的形式还无从认识，如何能认识逻辑的形式呢？

现在由于应用数理逻辑的方法，从分析知识概念中，对于逻辑的形式问题已得到答复。根据这个逻辑分析的结果，所谓知识仅是一种表达或叙述，我们根据这样的表达能认识一种事实，同时这种事实是能用不同的手续与方式不同的符号与语言叙述的。但是这些不同的叙述方法之用以表达同样的事实而能得到同样的知识者，则不能不归功在它们当中的一个共同点，这个共同点，石里克名之为逻辑的形式（die Form des Logischen）。因为有这个逻辑的形式，而后才有真的或假的事实的表达，假如没有它，不仅一切的表达或叙述不可能，就是

① 《哲学知识的转向》第一卷，1930。

对于事实都无法思想，无法推论。换句话说：“一切的知识因有其逻辑形式，而后才能成为知识。”[①]假如没有逻辑形式，不仅是一切的表达或叙述无可能性，就是思想与语言也失去它的普遍的作用了。

石里克认为逻辑的形式，是实际的逻辑形式与语言的逻辑形式，所以从知识命题与语言作用上就能了解它的意义，至于对它为命题的叙述是根本不可能的，因为一切命题的叙述都是逻辑形式的表现，我们再用命题以叙述它，则结果仅成一种“同语反复”而已。因此维特根斯坦曾说：“命题虽能叙述所有的事实，不可能叙述逻辑的形式，因为命题是逻辑形式的反映；什么反映在语言之内的，什么就不能用命题为之叙述；否则我们必须将命题置之于逻辑之外，这就是说置之于世界以外了。”[②]

（二）传统的哲学问题的失效

知识既为一种以逻辑的形式为基础的表达或叙述，如是以知识的基本问题为对象的哲学，自然不外乎“语言逻辑”的研

① 《哲学知识的转向》第一卷，1930。

② 《逻辑哲学论》第78页。

究。换句话说：所谓哲学的问题，就是对于表达与叙述的本质一种逻辑反省，对于语言与概念的应用一种逻辑分析。过去的哲学家以研究“人类的知识能力”为研究知识范围的对象，现在则应代之以研究表达与叙述的作用以及语言的逻辑的修辞规则。过去许多理论的问题，不是视为“不能解决的问题”，就是归咎于“知识的界限”①。现在这一类的问题根本就失去了它的意义：凡是能表达的问题，原则上都能由科学解决，反之，一个不能表达的问题，并不因“知识的界限”而不能解决，而是因它是空洞的无意义的，或者说是一种“似是而非的问题”，所以无解决的可能。关于这一类的问题，我们根本就不应当提出，因为一个能提出的问题，必须是能表达的。但是这一类的问题虽具有其他问题的语言形式，可不合乎语言逻辑的修辞规则，如是一经哲学分析之后，就知道它们不是能表达的问题了。

至于一个能表达还是不能表达的问题之区别，是在于一个问题之能否为真为假，或者说在于它之有无意义，对于确定一个问题之为真为假或有无意义，原则上是以能否说明它的证实方法（die Methode der Verifikation）为标准；能够说明证实方法的问题是真的或假的，但都为有意义的问题，否则即为不能

① 杜布伊斯·雷芒：《自然认识的限制》。

真不能假的无意义的问题。所谓证实方法的说明，就是了解问题与事实的比较手续，了解问题之为真为假的事实根据，因为一切事实的问题，仅是对于事实有所表达，有所叙述，所以它之为真为假，必须有事实证实的可能与事实比较的必要。假如一个问题，无论事实如何，不能证实它之为真为假，反之，它之为真为假亦不能与事实有如何的关系，那么这问题则对于事实无所表达，无所叙述，它一定不是一个事实问题，它必是一个无事实对象的事实表达，无事实内容的事实叙述不可了。

所以石里克说："问题的意义就是它的证实方法。"[①]换句话说：问题的意义，是在于它所表达、所叙述的事实能否经过所与的试验，能否经过"是"与"不是"的答复。凡是原则上能经过试验或能经"是"与"不是"答复的问题，都是有意义的：一切问题的意义，不外乎它所表达的事实的意义，不外乎从试验中所得的"是"与"不是"的意义。

这是一切问题的意义标准，一个其他标准的假定，不仅无事实上的需要，而且是理论上不可能的。

虽然反对这个意义标准的可以说：了解一个问题的意义不须说明所谓证实的方法，仅须认识某个问题中所有的文字的意

① 不能解决的问题，《哲学》卷B，1935。

义；假如其中的文字的意义已经认识，那么这个问题的意义也能了解。至于文字本身的意义，我们能经定义的确定或其他命题的说明。不过我们知道，在定义或命题中所应用的文字的意义，有时也是必须确定的或说明的，如此无限地连续下去，不仅对于问题的意义无从了解，就是对于文字的意义也无从认识。所以一切科学的命题意义的确定，原则上不求之于定义或其他句子的说明，而以直接的所与的比较为标准，因此所谓真或假之为问题的意义根据，事实上就是指出在某种场合之下，有某种所与性的存在或不存在：这种所与性与问题的关系是正的或是负的。假如一个问题在任何场合之中不能证实它之为真为假，从任何所与的试验中不能了解其为“是”为“不是”，那么这一类的问题一定对于事实无所表达，无所叙述，它一定是一个空洞的无意义的问题了。

所谓“不能解决的问题”是不可能的，因为关于这一类的问题并不是因“知识的界限”不能解决，而是因它根本不成其为问题，所以无解决之可能。固然我们所否定的“不能解决的问题”，是原则的而不是经验的。经验的“不能解决的问题”与原则的“不能解决的问题”，是根本上不相同的。譬如我们对于“在月球的反面有三千米高的山峰”的问题，就不能根据现代科学知识所能答复，所以对于它一个经验的试验是不可能的。但是这个问题并不因之而失去它的意义，因为它之所以不能解决，不是原则的而是技术的问题：它虽然无经验的试验性，但有原则的试验性。我们对于无经验的试验性的问题，不仅能想象它与所与性的关系，而且还能假定它之为真为假的试验方法。

但是对于“在电子内一个绝对无外发作用的核子的存在”一问题，则就根本不同，关于这一类的问题，事实上仅是一种空洞的无意义的意见，因为我们对它既无法肯定，也无法否定；无论这样的核子如何，与所与是毫无关系的：同时所与的变动也不能如何影响它。就是我们追问主张这个核子存在的人：你所主张的核子所指的到底是什么？则他仅能说：他觉得在电子内总有这样核子的存在。假如我们又问他，这样的核子在电子中的作用或与所与的关系如何？则他亦仅能说：我总觉得有这样的核子存在，可是无法说明它的理论根据与证实方法。由此我们就可以了解：他之所谓核子是觉得的、想象的，而不是指一定的实际核子而言。关于这一类的问题，自然不仅无经验的试验性，同时也无原则的试验性。凡是无经验的试验性的问题，还可以想象或假定其存在；但是一个无原则的试验性的问题，是自相矛盾的、无法想象的，是一个空洞的无意义的问题而已。

因此石里克说："传统的哲学问题已经失效了，过去以研究'人类的知识能力'为研究知识本源的对象，现在则应研究表达与叙述的本质以及一切普遍的可能的语言；过去以研究'知识的范围与界限'为哲学的中心问题，现在则这样的问题根本就不复存在。凡是能表达的，都是能解决的，都是能答复的；同时只有能表达的问题方是真的有意义的问题，所谓不能解决不能答复的问题，我们就无法当作一种有意义的问题而提出。过去哲学上所认为不能答复的问题，不是因有其问题而不能答复，而是因它是一种无意义的文字的联系，所以无答复的可能。关于这一类问题虽具有其他问题的语言形式，合乎一般的修辞规则，可是事实上则与语言逻辑不相容的，因此对于它加以逻辑反省与文法规则的分析，就能知道它是空洞的无意义的问题了。"①

（三）"形而上学的哲学"的不可能

所谓知识，就其本质而言，既为一种表达或叙述，但是所能表达或叙述的对象，则不外乎形式构造（die formale

① 《哲学知识的转向》第一卷，1930。

Konstruktion）。至于体验内容（die Erlebensinhalt）如色声香味触感觉等等，都是原则上不能表达的。我们看见一种“红”的颜色，无论如何无法将这个“红”的内容表达出来；谁没有感觉到兴趣，则对于他绝对无法给以兴趣知识，而使之发生兴趣感觉。我们对于体验内容的了解，仅能直接地感觉，直接地体验，或者说仅能从所与中指示出来，可不能以理论概念为之叙述。假如我们今天所见的“红”颜色与昨天所见的“红”颜色的“红”是同样的，那么我们仅能说前后所见的两个颜色是同样的颜色，可不能说前后所见的两个颜色是同样的“红”颜色。假如我们现在有一种兴趣感觉，可不能借它以区别过去的兴趣感觉；即使我们知道前后两个不同的兴趣感觉，我们亦不能知道它们是如何的不同。关于这一类的命题是根本无法说明它的证实方法的，因为我们既无法将前后两天所见的“红”的颜色加以比较，也无法将前后所有的兴趣感觉加以区别；它们不仅无经验的试验性，同时还无原则的试验性。所以这一类命题虽具有其意义，但是这个意义是所与性的指示的，而不是理论的说明的。凡是所与性的指示的意义都是主观的个人的，仅有理论的说明的意义方是客观的科学的。

因此一切科学的对象，是在于构造形式，而不在于体验内容。至于科学与日常生活的不同点，也在于科学命题排弃一切体验作用，而将整个的世界视为一个数量体系。固然科学并不能完全避免一切体验的对象，可是它对于这些体验的对象，不从体验上以求它的理会，仅从形式构造中以求它的认识。譬如就以“红”、“绿”的概念来说：在物理学中仅把它当作一种“光波的反复”；因为用“红”或“绿”的感觉来形容“红”、“绿”的概念就不够精确的。但是物理学的“红”、“绿”的概念，就不能用以形容体验的内容如“红的晚霞”“绿的草色”，它仅能给我们以可能性，将所谓“红”的或“绿”的对象“从概念上作形式的连接”。石里克曾说：“一切的知识，就其本质而言，仅是形式的知识，关系的知识，只有形式的、关系的才合乎知识的定义，方才合乎知识概念的逻辑意义。其他品质内容是不属于知识之内的，它仅是一种主观作用而已。”①

体验世界（die Welt des Erlebnis）与认识世界（die Welt der Erkenntnis）是绝对不同的，这个不同点自然不在于客观世界，仅在于我们对于它是体验或是认识。一切诗歌、艺术等是以体验世界为目的，可是一切的科学则以认识世界为对象。所以前者所用的方法是丰富的理想与兴奋的情绪，所求的对象的心神

① 《体验、知识、形而上学》，《康德研究》第31卷，1930。

如入其境以及主客观世界的一致。至于后者则以数学计算、经验证实为其方法，则以建立世界秩序（die Ordnung der Welt）的体系为其愿望。可是哲学家如叔本华、柏格森竟否认这个事实，反将体验世界与认识世界从直观观点上统一起来；好似想将不能认识的加以认识，不能体验的加以体验，于是乎就产生所谓形而上学。叔本华说："一切的科学仅能观察事物的外表，如同一个人观察房子之外表一样，但是形而上学已经升堂入室而观其内部了。"柏格森说："科学只能用形式或符号叙述客观，但是哲学家则用直观方法，而将本身加入客观之内。"①

但是假如知识不是一种形式构造，而是一种带直观性的体验，那么我们对于任何知识的问题，必须从体验它的对象开始。譬如我们以埃及金字塔为知识的对象，则必不远千里而去埃及，对于金字塔作详细的体验。固然埃及的旅行与金字塔的巡礼，是一种生活，但是我们并不能说，因之就认识金字塔的形状、颜色、环境等等。换句话说：对于金字塔的体验虽能给诗人、艺术家不少文学情思，但并不能给我们关于它的一切历史传说。还有假如知识是一种主客观世界的一致性，而不是一种形式的构造体系的相似性，那么求知识的唯一前提则就是假

① 《体验、知识、形而上学》，《康德研究》第31卷，1930。

定我们与知识对象的一致。譬如我们欲认识水之为水，则必须将我们与水视为一致。但是我们知道，假使我们假定与水合而为一，也无法知道水的本质，不仅与水合而为一不能认识水之为水，就是我们化身为水也还是无法知道的。所以在科学上之所谓水仅是两个氢原子与一个氧原子的化合物，或从形式而言是H_2O；但这不是由与水合而为一所能得到的，或从水的体验所能发现的。我们把手触到水中虽能体验水的性质，但对于水之成水，我们虽身在水中，也无法体验到它的原因，对于这个问题，则仅待根据科学原理的物理学家来说明。

直观的形而上学之为知识理论，是根本不可能的，因为直观的形而上学家误解了知识的概念；知识是事实的证实的认识，体验是感觉的所与性的了解；知识是以形式构造为对象，体验则以主客观世界的一致为对象；知识是科学的基础，体验则是生活的方法。因此石里克曾说："形而上学家的努力一向是看错了方向，他想将纯粹体验内容当作知识去表达，将不能说明的加以说明，岂知体验内容是原则上不能表达的，仅能从所与性中指示出来，不过这样的知识理论，是丝毫无作用的。"①

① 《体验、知识、形而上学》，《康德研究》第31卷，1930。

但是在直观的形而上学家之外，还有所谓实在论与唯我论的形而上学家，他们也认为形式的科学知识，只能为许多体验的互相关系的叙述，但是超出这个范围以外，就根本失去它的作用。我们在所谓“外界的实在问题”中就能了解他们的形而上学的理论。唯我论者认为科学的知识，仅有能知觉的部分是真实的知识，至于不能知觉的部分，不是“叙述的方法”，就是“逻辑的组织”而已[①]。反之，实在论者则认为形式的科学知识，仅以事物的“现象”为对象，但它对于“现象”那边的“物自体”则无所能为。所谓“物自体”与“现象”的并列应归咎于康德，康德将知识的对象与实在的对象分开，是他的批判哲学的美中不足。这个缺点就以“物自体”的不可知而论，不仅没有弥补，反而暴露它的理论的弱点：因为我们对于一种事物既无所知，亦不可知，如何能肯定或否定它的存在呢？如是石里克为避免康德的错误，对于实在问题的看法，不在于什么是实在的对象，而在于什么是实在的命题。一个关于实在的命题，原则上必须有证实的可能性，从简单的命题以至科学的历史的命题，完全以证实为唯一的判断方法，完全以证实为唯一的区别标准。唯我论的实在命题如“实在是我的感

① 马赫实在观的基本观念。

觉”是不能证实的，因为“我的”在任何命题中都为否定其证实的条件，实在论的实在命题如“真的实在仅是物自体的实在”，虽然不是没有证实的条件，但未指出证实方法与途径，仅从一个命题的定义上是无从判断的，所以它也就无从证实了。就以马赫的实在命题：“实在是感觉的总和”而言，也不是一个恰当的实在命题，因为一个命题是否为实在命题，不在于它本身之能否知觉，而在于它之能否经知觉的证实。凡是有一定的时间关系而能经逻辑的组织与知觉的证实的，都是有实在的可能性。物理学中的原子、电子，化学中的符号方程式，与日常生活中的油条、烧饼是一样的实在；历史中如恺撒、拿破仑的存在，与我们自己的存在，也是同样实在的。石里克曾说：“原子不是一个‘逻辑的组织’，而是绝对实在的；不过我们如问‘整个世界’（die Welt alsganze）是否实在？则这个问题是自相矛盾的；就以它的答复如：‘外界是实在的’，或‘外界是我的感觉’而言，都是与它所答复的问题具有同样的性质：就是无意义的形而上学的，因为它们在原则上都无法由经验证实或推翻。”①

但是这个经验的实在观并不满足形而上学家的欲望，形而

① 石里克《狄赛尔（Dessoir）学说中的自然哲学》，1925。

上学家并不以经验的实在为满足，他们总觉得“真的实在”是能知觉的或超知觉的。但是我们知道：这是他们对于实在问题一种“感情”（das Gefühl）的作用；因为一个关于实在命题，绝对不能加以能知觉或超知觉的限制，仅能以其能否由知觉的证实为原则。假如我们否定超知觉的实在，那么不仅将科学的实在否定，就是将我们的祖先与我们的文化也同时否定了。反之我们肯定一种理想的“外界的实在”，同时无法说明它的理论实在以及证实方法，那么这样的实在虽然满足我们的“感情”，但对于实在问题的理论是毫无补益的。石里克认为形而上学的实在命题根本就是一个不知所云的命题。我们对于一种不能说明的事实，则应当沉默，但是形而上学家则不然，他们想将不能表达的加以表达，不能认识的加以认识，于是乎就产生了形而上学。

任何派别的形而上学之为知识理论，都是不可能的；它之所以不可能的原因，并不如康德所说：“人类未具有解决形而上学问题的理智”，而是因为形而上学体系都包含了逻辑的矛盾性与事实的相容性。假如形而上学家欲以体验世界或理想世界为其哲学的目的，那么应当求之于诗歌、艺术或教义、神学，但是他们计不出此，偏欲从知识的范围内以达到他们的愿望，于是乎欲将难于体验的加以体验，难于理想的加以理想，结果他们虽未如愿以偿，可是已经给学术思想史以许多空洞的无意义的问题了。

虽然形而上学不是一种知识理论，但还能引起人们的信仰，即因它具有一种科学未有的作用：就是人们能从形而上学的体验中（如主客观世界一致）充实生活的内容，从形而上学的理想中（如灵魂不死，上帝存在等）弥补生活的空虚。诗人、艺术家能借他们的诗歌与艺术品而得到内心的满足，神学家、宗教家能借上帝的假定而得到精神的安慰，如是一般非诗人非艺术家非神学家非宗教家的人们（尤其科学家与哲学家），则仅有借形而上学的体验与理想，以满足自己与安慰人生了。石里克曾更明白地说过："形而上学的体系所能引以为安慰的，就是它能充实我们内心生活与扩张我们体验境界，所以人称形而上学为概念的诗歌，至于它在文化上的作用也如诗歌一样，这是对于形而上学一种恰当的说法。虽然形而上学能充实我们生活，可不能充实知识理论，因为形而上学事实上仅是带文学性的作品，可不是一种真理的体系。即以形而上学家的理论体系而言，它所包含的有时是文学，有时是科学，但何尝有如形而上学家之所谓'形而上学'呢？"[①]

① 《体验、知识、形而上学》见《康德研究》31卷，1930。

（四）哲学是一种科学么？

所谓知识，仅有科学的知识，科学是知识的体系，是一种真的能证实的经验命题的体系。哲学在原则上不是一种知识的体系，因为它所包含的命题，凡是合乎知识条件的即属于科学范围，不属于科学范围的则根本不成其为有意义的命题。所以哲学不是一种科学（Wissenschaft），而是一种活动（Tätigkeit）。这种活动虽不能建立科学理论，但是能使科学理论中所包含的命题明朗化与精确化，甚至于普遍化、通俗化。简而言之，在这个概念下的哲学任务，是分别含混的思想与明确的思想，发挥语言的作用与限制语言的乱用，辨别真的问题与表面的问题。维特根斯坦曾说："哲学不是一种学问，而是一种活动。""哲学的研究结果不在于建立哲学命题，而在使科学命题的意义精确化、明朗化。""哲学是把含混的思想明确化，而规定其界限。""哲学是教我们对于一切的知识问题，能说明白的尽量地明白说：不能说明白的，则只有沉默。"①

① 《逻辑哲学论》第188页。

许多哲学家认为哲学与科学是不同的，但并未否定哲学是一种科学，这就是他们对于哲学看法不彻底的一点。他们以为哲学与科学的根本不同点，是在科学所研究的对象为特殊真理（die spezialle Wahrheit），但是哲学所研究的对象为“普遍真理”（die allgemeine Wahrheit）。所谓特殊真理与普遍真理，自然是我们对于真理的一种看法，至于在事实上则仅有其真理或无其真理，可无所谓特殊真理或普遍真理。因此我们如将哲学认作研究普遍真理的科学，那么对于哲学或科学的概念，则难免引起下列的几个疑点：

1. 无论哪一种科学，如物理、化学甚至于历史学，皆有其固定的共同研究对象，何以哲学之为科学不仅无这样的研究对象，就是读了若干的哲学代表作，也仅能得到若干不同的哲学定义呢？

2. 科学之研究是以不离“真”与“确”为标准，所谓不离“真”与不离“确”，就是不离事实与所谓科学方法。何以在哲学之为科学不仅无原则上相同的哲学方法，就是对于事实有时宁可固执它的成见与立场，而从思辨中否定它的存在呢？[①]

---

① 黑格尔为此而不断批评牛顿的理论。

3. 科学理论之效用性是有一定的客观标准的，在一定的时间内绝无两种互相冲突的理论存在。何以哲学之为科学在同一时期内有种种原则上不同的理论，同时许多哲学家还根据他的哲学而对于其他的哲学大施攻击呢？

就以上这三点而言，即能证明科学与哲学之为科学是不能并存的——谁视哲学为一种科学，则谁既不知哲学又不知科学是什么——哲学家虽能固执成见，宁可牺牲科学之为科学，可不愿哲学无科学之名，但这是一种嗜好而不是真理。固然我们能将科学分为文化科学与自然科学，因为这两种科学之为科学均有各自的知识体系为其根据，但是对于哲学之研究普遍真理的科学，我们除了在种种不同的哲学体系中认识种种不同的理论外——这就不合乎普遍真理的标准——所谓普遍真理体系不仅无法了解而且无法想象。因此石里克曾说："所谓哲学的真理是不可能的，因为哲学不是一种知识体系，它不是科学。"①

哲学是研究普遍真理的科学的哲学观念，是包括对于哲学本质的一种"对的"看法，不过许多哲学家没有了解它的真正意义，所以未能应用它与发扬它。所谓特殊的真理与普遍的真理，我们说过不在于真理的自体，而在于真理的意义（Die

① 《哲学知识的转向》第一卷，1930。

Bedeutung der Wahrheit），我们对于真理的意义能分特殊的与普遍的两种：特殊真理的意义，就是一切科学家应用他的语言（数学的方式）所表达的意义，这个意义仅是专门的、纯粹科学的，与日常生活无直接关系，至于所谓普遍真理的意义，则是根据特殊的真理意义而加以分析的意义，这个意义不仅给我们以科学知识的概念，同时还能为我们建立提供宇宙观人生观的材料与根据。

哲学的主要任务就是研究科学的特殊真理的意义，以期发现一种普遍的意义，所以它不是研究普遍的真理的科学，而是研究普遍的真理意义的活动。至于哲学之为研究意义的活动所应用的方法，即是所谓苏格拉底的语言分析的方法。我们在柏拉图的对话中所见苏格拉底的言论，无往而不是研究真理意义的结果。苏格拉底对于一个问题意义的研究方法首先是将问题中所见的概念加以分析，再将问题所应用的语言加以说明，继之为将所研究的问题拟以不同的答案，最后再问人所定义的概念是哪一类？所应用的语言是哪一种？所拟定的问题答案是哪一个？假如我们对于这一些问题都已经一致，那么无论哪一种意见的是非即不难说明，无论哪一种问题的真假都可以判断。苏格拉底不仅是这个伟大的哲学方法的发明者，就是发明哲学之为研究意义的活动也要归功于他。此外如弗雷格认为“哲学的问题是如何支配对于思想的说法”，尼采认为“认识无形支配印度、希腊、德国的哲学的文法范畴，就是真理的发现”。里希登堡（G. Lichtenberg）则认为“哲学是校正语言的错误”。这些“思想的格言”，都已经包含哲学“不是一种科学而是一种活动”的意思了。

哲学虽然不是一种科学而是一种活动，但是它对于科学的研究仍不失其重要性。凡是一切命题在它之为真为假之前，我们必须了解这个命题的内容。假如对于它所说的内容已经了解，那么，我们方能试验它为真为假或有无意义。所以命题意义的了解与实际真理的发现，是原则上不可分离的，因为我们不能发现一种不知其意义的真理。换句话说：意义的了解虽不是真理的发现，但是前者则为发现真理的前提，后者则为了解意义的根据。爱因斯坦对他的“异地所发生事件的同时性”概念的试验，所用的就是苏格拉底的语言分析的方法。爱因斯坦对物理学家说，在试验“异地所发生事件的同时性”以前，你们必须将这个概念的意义说出来，或者你们必须说明：如何证实两个“异地的同时事件的发生是同时的”这个命题。假如我们对于这个命题的意义或证实方法已经明白地说明，然后我们方能将这个命题从理论研究中转移到实验工作里。过去许多哲学家将哲学视为“研究一切科学的原理原则”，实际上就包含有哲学之为说明科学命题的意义；不过他们没有彻底明了这个真正意义的所在，所以对于哲学的本质也无从认识了。

此外我们在科学研究的过程中，遇到一种不能用科学方法解决的问题。研究这样问题的原因，既无理论的错误，又无技术的过失。对于这一类的问题则必须将它的表达方面加以逻辑反省，将这个表达中所应用的概念加以逻辑分析，那么就不难发现这些问题的产生并无事实的原因，仅是不懂语言逻辑乱用语言所得的结果。属于这一类的问题，如杜布伊斯·雷芒（Dubois Reymund）所谓“什么是物质的本质”与“什么是力的本质”等等不能解决的问题，在哲学中如“时间、空间的本质是相对的或绝对的”与“世界的本质是物或心的”等等形而上学的问题。这一类的问题虽合乎语言的形式与语法的条件，但是事实上与逻辑的修辞规则是冲突的，所以它之所以不能解决或成为形而上学的问题的原因，并不是人类理智对于一个问题的屈服，而是如魏斯曼所说：“有些问题视之为不能解决者，乃是我们自己的过失，因为我们仅将许多的文字建立一个语言问题的格式，可是忽略了对于这个问题格式给以明确的意义了。”①

① 魏斯曼：《石里克纪念集》，维也纳，1936。

就从上列几点而言：哲学虽然不是一种科学，但是它对于科学的贡献实在超过任何的科学，所以我们称“哲学为科学之王”，对于它不是一种过誉，仅是说明它对于科学的伟大意义而已。石里克曾说：“哲学虽不是一种科学，但它对于科学研究的意义还是非常重大的。这个重大的意义仅有用‘科学之王’方能表达出来——世界绝无这样的定律，科学之王本身非科学不可——我们现在已经认识这个新的趋势的哲学，就是它不是一种知识体系，而是一种说明与确定知识命题的活动。一切的命题是由哲学而说明，由科学而证实；所以前者是以命题的意义为对象，后者则以命题的真假为对象。科学的内容、灵魂与精神，最后完全包含在科学命题的意义之内，如是说明意义的哲学活动，是一切科学理论最重要的因素。假如我们说哲学能给我们以科学的整个基础的与整个组织的概念，这是对的；但是我们欲建立哲学的理论原则，同时欲借这个原则以区别于科学，以成立所谓哲学的体系（这就是形而上学），则就大错而特错了。”①

① 《哲学知识的转向》，第一卷，1930。

与石里克（左）和奈德（右）在奥地利避暑圣地Millstatt（1934）

三　逻辑实证论的基本思想

（一）哲学概念与哲学方法

逻辑实证论是一般人对于维也纳学派哲学所常用的一个名称。维也纳学派创始于石里克，当代逻辑学家卡尔纳普、魏斯曼、数学家汉恩（H. Hahn）、孟格尔（K. Menger）、物理学家弗兰克、社会学家纽拉特，都是其中主要的人物。维也纳学派在哲学方面的贡献，在于综合马赫（阿芬那留斯）、罗素、维特根斯坦的哲学思想，以及应用现代科学如相对论、量子力学的理论根据建立了一个哲学系统。这个哲学系统我们可称为一个“科学的哲学系统”。所谓“科学的哲学系统”虽然是溯源于孔德、穆勒，到马赫、波尔兹曼、奥斯特瓦尔德、罗素、爱因斯坦才发展起来，但是它能脱离一切形而上学的传统，自成一种哲学体系，如逻辑实证论，则不能不归于维也纳学派了。

因此，我们对逻辑实证论的思想理论的了解，仅从哲学史的立场，是不可能的，我们对于它必须先有一种新的哲学概念和哲学方法的观念。在哲学史中，哲学如其他的科学一样，是一种实际的知识体系或真理系统，它可以说是与科学并列，或超过科学的一种科学。但是根据逻辑实证论的看法，哲学之所以为哲学，从其本质而言，并不在于它对实际知识或真理能有所建树，仅在于它对实际知识或真理的逻辑意义能有所说明。所以哲学在原则上就不是一种关于实际的科学，而是分析科学的基本概念一种逻辑的方法，它不仅不能与科学并列，或超过科学，而且应是在科学范围内活动的一种学问。固然，哲学在科学范围内活动的对象与科学本身是不同的：哲学为说明科学的理论问题，科学则为解决科学的理论问题。关于解决方面的问题，是事实问题，是自然科学的任务；而关于说明方面的问题，是“语言逻辑”的问题，则是哲学的任务了。

逻辑实证论的哲学方法，是自然科学的方法，尤其是数学与物理学的方法，它完全摈弃一切离奇的思想结构，神秘的直觉作用，以及所有感情上的信念，而代之以严密的逻辑推论，精细的实际观察，以及事实上的证据。哲学上的一切理想的、诗意的“理解力”，如所谓“宇宙的全体”，“宇宙的总和”，或其他的种种，都为逻辑实证论派所拒绝的：因为这些“特殊的哲学方法”，虽具有感情方面的力量，虽能充实我们生活方面的理想内容和体验境界，可无法使我们对于宇宙事物得到真实的认识，精确的观念，以及明白的意义，关于这一点，杜里舒在他的名作《精神与社会》论文中说得好：“所谓方法，无所谓自然科学的方法，仅有一种基本的方法，就是思想的方法：就是明确的概念、严密的分析、无矛盾性、确定性而已。”

（二）传统经验论与逻辑经验论

从哲学史观点而言，逻辑实证论是一个经验学派，与所谓理性论派是对立的。根据理性论的思想原则，仅有思维才是一切知识的根源，一切知识皆是从思维中直接或间接产生的作用，这种作用虽包含了实际的意义，但并非事实的经验所能控制的。可是逻辑实证论派则认为仅有经验才能对于实际有所判断，至于思维在知识理论中虽具有其巨大的作用①，但这个作用，仅对于许多关于实际的命题，以“同语反复的变式”而已。

① 物理学中如电磁场的基本公式是不能直接观察的，我们对于它仅能利用“同语反复的变式”间接的证实。例如“迈克耳孙试验”（die Michelsonversuch）所指示我们的，就是应用了这个方法的结果。

逻辑实证论派视思维的作用仅为一种“同语反复的变式”，不仅与理性派的基本思想成了对立，就是与若干经验论的理论也是不相容的。经验论者如穆勒，认为来自经验的科学知识，除了经验科学之外，还有数学与逻辑，以及其他形式的科学。根据穆勒的看法，数学逻辑的命题，如物理学生物学的命题一样，同是对于实际有所叙述的，仅是前者以所谓“重复而多次的经验”为对象。同时数学逻辑的命题，较之自然科学的命题的效用性为确定，为可信，亦因其在于“重复而多次的经验”，而不在于“一般的经验”而已。

固然，我们不能否认从经验论观点来说明数学逻辑的本质，并非无事实上的困难性：因为任何从经验上得来的事实命题，都不能具有颠扑不破的效用性，但是数学逻辑的命题之为分析命题，则非具有那样颠扑不破的效用性不可。譬如我们说明天太阳不升起来，就是一件可想象的事实，不过我们认为明天二加二就等于五，或者在 $p \rightarrow q$ 的关系中 p 是真的，而 q 倒成了假的，则是我们根本不能想象的。关于这两种命题的根本不同点，就使我们应用穆勒“重复而多次的经验”为数学逻辑的假定，也是无法解释的，这点是绝对无可怀疑的了。

所以逻辑实证论派认为关于知识的命题，有以纯粹形式和宇宙事物为对象的两种。这两种命题，正如康德所谓分析命题与综合命题。数学逻辑的命题，都是属于分析的命题，这一类的命题之能有确定的先天的效用性，即因一切分析科学，和数学逻辑等，都以形式的定义假定为理论基础，所以在每个数学的逻辑的演绎推论中，它应得的结论已经包含在其前提之内。一切形式的演绎推论，事实上仅是一种符号的语言关系，用不同的同值的形式作成变式而已，因此，我们对于分析命题的效用性，是毫无可怀疑的：因为我们对于某个语言的应用法则已经明白，那么，每个语句的变式的内容和意义，自然也能随之而明白了。维也纳学派领袖石里克说得好："分析命题仅是对于同值语句以不同的形式作成变式，它是一种所谓同语反复的命题。这样的命题自然是具有先天性的：因为它仅以纯粹形式的关系为对象，对于实际是无所叙述的。我们对于它的了解，仅须视两种相关的语句是否同值，所以我们从知其意义中即能判断其为真为假了。"

但是以宇宙事物为对象的综合命题则不然，它是一种叙述生活的科学的事实命题。关于这一类的命题，如自然科学的命题，却非从任何形式条件中所能了解，我们对于它和它的效用性的了解，唯一可能的，仅在于求之"事实的答复"。所谓"事实的答复"，就是说，一切综合命题，因其对于实际有所叙述，所以我们对于它，仅能从观察中去认识，从证实中去判断。一切综合命题之所以为不确定的，后天的，即因我们不能从了解它的形式的意义中，就能明了它的真假性。我们了解它的意义之后，还须知道这个意义是否有实际的意义。换句话说："综合命题是以实际的本质"为根据，分析命题则以"语言的形式"为根据，所以前者的意义是必须事实上证实的，至于后者的意义，如已了解，则就完全了解了。

不过康德认为关于知识的命题不仅是综合命题与分析命题的两种，此外还有所谓"先天综合判断"。这样的判断是以综合命题为对象，但具有了分析命题的先天性。而且康德还认为物理学数学都是属于先天的综合知识范围的科学。康德的"先天综合判断"的事实根据和理论基础，主要的是在于欧几里得几何学以及它之为"空间的科学"，还有因果律之为科学知识的"假定"，也是康德常引为所谓先天的综合知识的一种证明。但是从现代科学的进展而言：新几何学中如希尔伯特的几何学，是以公设、定理、定义为理论基础，是一种纯粹形式的演绎系统，既无须综合的作用，也无须直观的成分，他之为先天的命题，是一种先天的分析命题，而不是"先天综合判断"。就以几何学之为"空间的科学"这一点观之：相对论中时间空间论与"先天综合判断"也不能一致。康德认为欧几里得几何学与空间的关系是必然的先天的，可是爱因斯坦则认为这种关系，与物理学中其他的度量标准相同，仅是一综合命题，而不是一种“先天综合判断”。还有康德主张为先天的综合知识的因果律，海森堡则根据量子论的发展，已给予原则上的批评了，因此因果律就失其在科学中的普遍效用性。因果律之无科学中的普遍效用性，自然不是证明它从此失去科学中的价值，仅说出它之为科学知识的先天“假定”，是再不可能的了。

（三）逻辑数学几何学

逻辑与数学之为分析的科学，假如我们反顾现代数理科学的研究结果，则更不难明了，而且这个研究的结果，逻辑实证论派已给予哲学的说明了。逻辑之为科学，从哲学史立场而言，不是一种所谓以“宇宙事物的普遍性质”为对象，就是一种“关于实际的一般概念的学问”，但是逻辑实证论派的根本否定逻辑与实际的任何关系，而将它视为一种对于实际命题加以形式的联系的表象（Symbolik）。这样的表象，譬如说每个命题 p 必有其否定（die Negation）$\bar{p}$，这里的 $\bar{p}$ 就是 p 这个命题的纯粹形式的联系：因为事实上，仅能有 p 或者 $\bar{p}$，可不能同时有 p 和 $\bar{p}$。此外从这个表象的叙述原则而言：我们对于一个肯定的命题 p 能用两种不同的方式表现之：我们或者主张 p，或者否定 $\overline{p}$ 。还有在逻辑上所谓“逻辑得数”（das logische Produkt）p · q 是独立存在的。可是事实上则仅能有“事情 p 与事情 q”，则不能有独立的 p · q。“ · ”（“和”）这个逻辑符号，是无事实对象的。

数学兼逻辑学家汉恩曾说过：“逻辑之所以产生，是因我们从所说之中能连带说点其他的，或者说我们对于同样的命题能有种种不同的说法。”譬如说 p · q 所说的，不仅是对于 p 和 q，而且同时的指 p 并且 q 而言。又如 p→q，不只是说假如 p 则 q，而是谓对于 p 命题给予一种形式上的联系，或者说对于同样的命题给予种种不同的说法呢？自然绝无其他神秘的形而上学的原因[①]。仅因我们对于宇宙事物既不能尽知，也不能确知。关于这一点，我们如穷究所谓否定的意义，就不难明了：假如我们对于宇宙事物无不尽知，无不确知，则我们根本就无须否定一词了。“一个对于宇宙事物无不尽知，无不确知的全体，是不需要逻辑的，而且我们还能恰与柏拉图相反地说：对于上帝连数学也不必要了。”

① 德国有从“现象学派”出身的哲学家如海德格尔（M. Heidegger），先假定否定为哲学的主体，然后建立一个形而上学系统。

因此维特根斯坦曾首先认为逻辑是对于实际无所叙述的，它仅是应用所谓“逻辑常数”（Die Logische Konstant）如“·”、“→”等，将实际命题作成“同语反复的变式”，它不外乎是一种同语反复的命题体系。根据这样的逻辑理论，若干哲学问题，例如莱布尼兹的并行论，都根本不可能了。莱布尼兹认为在思维与宇宙的中间有所谓“预定的和谐”的存在，有了这个“预定的和谐”，则思维的内容中就包含了实际的意义。其实所有思维的逻辑推论，仅是“一种同语反复的变式”，我们应用它，仅能对于实际命题有“更好的”形式上的了解或推论，至于想因之而得到新的实际知识内容，其不可能性，我们以上已经说明了。

不仅是逻辑，就是数学与几何学，也由于弗雷格、罗素、希尔伯特、维特根斯坦的努力结果，脱离了康德的“先天综合判断”，而成了一种纯粹形式的科学了。数学根据上述诸人的看法，不是一种“逻辑的枝节”，就是一种“纯粹形式的公设系统”，至于康德视为最具直观作用的几何学也从“公设化”（die Axiomatisierung）中而渐渐地“逻辑化”（die Logirisierung）了。因此几何学在纯粹数学方面，仅属逻辑的“关系理论”（die Relationtheorie）的一部分，它是一种如石里克所谓“蕴涵定义”的体系，在自然科学这方面它之为“空间的科学”，或者说它对于固体与光线关系的叙述，则成了物理学的一部分，是属经验科学范围之内了。

（四）真理理论与证实问题

无论为“理性的”或“直观的”实际真理，都是根本不可能的。假如一个命题对于实际有所叙述，那么它必须从经验上、观察上判断之，仅具有了同语反复的分析真理，才具有了颠扑不破的确定性。所以逻辑实证论的真理理论，不仅与理性论派康德的先天论成了对立，就是与具有科学根据的真理贯融论也是不相容的。真理贯融论者，认为一个实际命题的真理性，是在于所观察的命题与相关的命题体系是否互相贯融，换句话说，一个实际命题之是否可能，完全在于那个命题与那相关的命题是否有理论上的冲突，是否有逻辑上的矛盾，假使在它们中间并无这样的冲突性和矛盾性，而是能互相联系的，互相贯融的，那么就证实了那个命题的真理性，那个命题就是一个真的命题，至于它与实际其他关系之如何，倒可毋庸注意了。

但是从逻辑实证论立场而言：真理贯融论的真理理论的基本错误，是在于不明了形式真理与经验真理的不同点。我们对于形式真理能用命题与命题体系间的贯融为之标准，因为一切分析命题的本质是在于命题间的形式变式，如是在那些命题的形式中有矛盾或冲突之点，则就失去形式命题的意义了。可是经验真理则不然，它不仅须合乎命题的语言条件，同时它对于实际既有所述，所以我们不能从命题的形式上断定其意义，此外我们还非有它所叙述的事实为根据不可。假如真理贯融论者认为命题与命题体系间的互相贯融为真理的标准，而放弃一切经验上观察证实的条件，那么其结果确能如逻辑实证论派所言："一部神话同样的能视为一种实际的真理体系：因为我们对于某个神话的命题，在相当的假定之下，亦能使它与其相关命题互相贯融，甚至于因之而成一个命题体系。不过事实上谁也不将一部神话当作一种实际知识体系或真理系统。真理贯融论者之所以误解经验真理的事实，即因他不明了命题与相关的命题体系的互相融贯，是所有形式真理的基础；仅有以'同语反复的变式'为基础的形式命题才能应用这个真理原则，但是在经验真理或综合命题中却失去它的作用了。"

经验真理因其对于实际有所叙述，所以逻辑实证论认为它唯一的事实标准，仅在于"命题与实际的比较"。从这个比较中能得到某个命题所叙述的事实与实际一致的结论，则是真的，否则即为假的；换句话说：所谓真的就是命题与实际的"一致的配合"。而且这个"真理的标准"之为哲学的问题，从逻辑的分析结果而言，事实上就是所谓“证实问题”（die Frage der Verifikation）。从证实理论的原则而看到一切对于实际有所叙述的命题，必须原则上具有证实的可能性。所谓一个命题的证实的可能性，就是说在某种事实条件之下它是真的，在某种条件之下它是假的。例如我们对于一个命题根本就无法指出它这样的证实可能性，则我们对于它就不能知道它在某种条件之下是真的或是假的，那么这一个命题就不能真或假，而且它非不能真不能假不可了。一个不能真不能假的命题，虽具了命题的语言形式，但对于实际是无所叙述的，是空洞而无意义的，仅如卡尔纳普所谓“似是而非的命题”而已。所以逻辑实证论派认为“命题的意义是在它的证实的方法”。固然他所谓命题的证实方法，不仅是指事实上而言，而是指原则上的而言。假如一个命题无事实上的证实方法，那么这仅归咎于科学方法上和技术上的缺点，可不能证明它之“无意义性”（die Sinnlosigkeit）。但是假如一个命题在原则上就无证实的可能性，那么我们对于它之为真为假，根本就无想象之可能，那么这一类的命题不是问之不得其当，就是本身为一无意义的命题了。

譬如“实证论之祖”孔德以为星球的内部构造，就从化学方面也是根本不能认识的，但是不久基希荷夫（Kirchhof）与布森（Bussen）即应用“光谱分析”将其完全解释了。其实孔德所谓星球的内部构造之不能认识，不是原则上不能认识，而是事实上不能认识，他这样的科学假说也不是原则上不能证实，仅是事实上不能证实而已。假如一个命题无原则上的证实可能性，则这个命题就根本不成其为命题了，这一类的命题，譬如一位物理学家说在某个电子之内有一个核子的存在，但它根本否定这个核子之存在与电子有任何的关系，它是无须事实的证据而独立存在的，那么我们对于这个核子的存在，即无法肯定或否定：因为我们对于它之能肯定与否定，仅能以它与电子的关系为根据，此外则无其他的事实可资凭证，可是那位物理学家早就将这一点关系否定了。我们对于这一个科学的假说，自然根本就无法想象，我们对于它之存在或不存在，是根本不能加以判断的。关于这一类的命题，才是原则上无证实可能性的命题，才是原则上所不能证实的了。

（五）形而上学的成立与错误

从命题的证实方法中，既能见到一个命题不仅能真能假，此外还能是无意义的。逻辑实证论派认为在真假以外的无意义命题，即传统的形而上学命题。至于形而上学命题之所以成为无意义的命题，根据这一派的看法，主要应归纳到下列的两种原因，关于第一个原因，就是对于“同语反复的变式”之为思维的作用之无认识，所以想于纯粹的思维中而得到新的实证知识，而推论到“哪方面”的新的宇宙事物。其实所有实际的知识之所以为实际的知识，除了思维的“同语反复的变式”为其条件之外，经验与观察也是它绝不可少的根据。仅有对于实际无所叙述的分析命题，才能不需经验与观察的作用而自有其意义，但是它这个意义仅有纯粹形式的意义；我们应用它仅能对于实际命题以“更好的”形式上的推论，得到“更好的”思维上的了解，至于想因之而肯定经验的事物的关系，甚至假定所谓“超感觉的”的宇宙，如一般传统形而上学家的所为，自然是原则上不可能的了。

第二个原因即为“太重视”语言的作用了。“文字的语言”（die Wortsprache）本来就是对于叙述事物一种不完善的表象，它的修辞规则，与逻辑的修辞法则，有着许多冲突之点，尤其从所谓主宾词语句构造中更产生了许多形而上学的问题。这一类的形而上学问题，如所谓宇宙是物的、心的，或其他的，上帝是存在的，灵魂是不死的，意志是自由的种种，曾不知引起哲学上多少“似是而非的问题”，曾不知引起哲学上多少无意义的理论。这个哲学上的幼稚的传统状态，假如无罗素的强有力的说明，恐怕到现在还是为之争辩不休吧！[①]

还有“文字的语言”最能引起形而上学问题之一点，就在于它有了所叙述的事实意义以外，还有他种不同的“附带的意象”（die Begleitvorstellung）。这个“附带的意象”往往能使我们对于“文字的语言”所叙述的意义发生误解，并因为与逻辑的修辞法冲突而成了一种无实际意义的问题，譬如所谓宇宙的本质是心的或物的，上帝存在，灵魂不死，意志自由等，从逻辑的修辞法而言，它们根本就是不能互相联系的，它们的不能联系，即如千克的重量与“欢愉”的概念，“道德”的概念与无机自然之不能联系一样。但是从“文字的语言”的“附带意象”而言，似乎心与物可以应用于其他的主体，自然也能应用于宇宙的全体，至于对于“上帝”与“存在”、“灵魂”与“不死”、“意志”与“自由”的联系，也是具有相同的理由，或者说相似的感觉。固然逻辑实证论派否定“文字的语言”的“附带意象”仅在于科学的理论方面，但在其生活方面，尤其是在艺术诗歌方面的作用，它不仅不加以否定，而且还根本加以肯定的。所以以这个“文字的语言”的“附带意

① 罗素用所谓“关系逻辑”（die Relationslogik）来代替主宾词的逻辑，曾说了许多传统的形而上学问题，见所著*Unser Wissen von der Aussenwelt*，1914（王星拱曾译成中文）。

象”为基础的形而上学理论，逻辑实证论虽不视其为一种关于实际的知识体系或真理系统，但它之能充实我们的生活内容，扩张我们体验的境界，以及对于实际人生的其他价值，不仅未加以否认，同时还非常加以景慕与崇敬的。关于这一点，逻辑实证论派指示我们的：“所谓形而上学的体系，都是充实我们内心生活的方法，它既能扩张我们的体验境界，亦能满足我们理想中的欲求！它虽然不是一种知识体系或真理系统，但它对于文化生活上的意义，我们仅有称它为‘概念的诗歌’，才仅能表现其一二而已。”

（六）传统实证论与逻辑实证论

我们将逻辑实证论的主要思想叙述之后，最后还须说明的：就是逻辑实证论与传统实证论的基本不同点。所谓实证论是溯源孔德，但到了马赫、波尔兹曼之后的实证论已具有了种种不同的内容。假如我视其为一种具有共同的思想原则的哲学学派，那么实证论是以“知觉”为一切实际知识的基础，至于一切不能“知觉”的科学的抽象概念则不过是所谓“叙述的方法”，“经验的思维”而已。固然，这样的实证论的思想原则，的确也具有若干健全的哲学思想，而且逻辑实证论者如弗兰克、卡尔纳普，在他们“因果律及其界限”与“宇宙的逻辑构造”中，不仅未加以否认，同时还加以发扬。不过舍此之外，逻辑实证论仍不能从传统实证论立场所能了解的。溯其原因，主要的我们大概可以分作下列的三点：

第一点，传统实证论派认为物体的实在，仅为一种“感觉的复合”，它是不能根据抽象的科学概念所能认识的。逻辑实证论派则认为专从知觉的立场——尤其是从哲学的立场，是不能对于科学的实在性有所肯定或否定。哲学上的实在问题的对象，不在于确定物体的实在在感觉之内外，而在于分析关于物体实在的命题之逻辑意义所在：不是什么是实在或不实在的是哲学的问题，而是假如什么是实在的，那么关于这个实在的命题一定具有证实的意义才是一个典型的哲学问题。逻辑实证论因之不仅将传统实证论的理论弱点修正了，而且还将哲学上所谓“实在性问题”也从逻辑上为之说明了。

第二点，传统实证论派认为一切科学的命题，并不包含关于实际的真理，科学也不是一种实际的真理体系。科学的主要作用，仅在于所谓“思维的经济原则”的完成，仅有使我们对于宇宙事物能借简单的概念叙述之或思索之，才是研究科学的真正目的。但是逻辑实证论对于科学的哲学的看法则不然，它开始就肯定了科学为一种实际的真理体系，哲学不过是将这样的真理体系内所包含的基本概念加以逻辑的说明：就是将它应有的明确意义确定下来，含混的歧义排弃不用。所以逻辑实证论派对于哲学与科学指示我们的不同点，就在于科学是研究实际真理的学问，哲学则是研究实际真理的意义的学问。哲学既为研究实际真理的意义的学问，所以逻辑实证论的哲学观念，是在于明确的思想与含混的思想，发挥语言的作用，而限制语言的乱用，确定有意义的命题与无意义的问题，辨别真的问题与“似是而非的问题”了。

第三点，传统实证论派是否定哲学的一切作用，甚至于欲取消它。逻辑实证论则指出哲学确有其伟大的任务和目的，它对于科学概念的明确意义的说明，是不亚于科学对于实际真理的发现，因为一切科学的精神和内容，最后不能不包藏在它的“伟大的意义的创造”：但是这样的意义自然不得不借哲学为之说明了。维也纳学派领袖石里克还说过：“哲学是不能蔑视的，就从哲学之为知识概念的分析而言：一种关于道德的概念的分析或说明，其重要性，其意义，总不亚于对于一种科学概念的分析吧？”

此外这两种实证论对于形而上学都是反对的。但是逻辑实证论对于形而上学的反对，与传统实证论微有不同：就是它虽否定形而上学在知识理论方面的作用，可不否定它在实际生活方面的意义。逻辑学家魏斯曼曾说过："假如我们视形而上学之知识体系如科学之为知识体系一样，则就错了。可是假如我们视其为一种生活的基本感情，一种如何了解人生，体验生活的基本感情，则形而上学不但不能否定，而且我们原则上就应当如何的敬仰它维护它了。"

固然我们根本无从否认逻辑实证论与传统实证论的渊源关系，不过这种渊源的关系，我们应当视为一种历史的，而不应视为一种理论的。否则我们对于逻辑实证论的了解，就不能无理论上的障碍，这是可断言的了。

在瑞士（1934）

四　现代自然哲学中的几个基本问题

（一）前言

自从相对论量子论出现以后，现代科学对于哲学的影响，诚为有史以来所未闻。古典科学所能给哲学的，仅为若干思想方法和事实根据，但是现代科学则能给哲学以纯科学的思想原则和理论基础。应用这个纯科学的思想原则而建立一种新的哲学趋势的，就是由石里克所创始的维也纳学派。本文之目的，就是从维也纳学派立场将现代科学与哲学的密切关系，加以叙述。其用意何在，希望读者对于现代科学的理论原则以及维也纳学派的自然哲学，还有若干传统问题在哲学上的失效，能得到一正确的基本观念而已。

（二）“不可知论”批评

由于科学不断的进展，许多关于人类知识的基本问题，都陆续得到事实上或理论上的答复。我们在欣羡人类精神能力伟大之余，有时曾产生一种感觉：就是人类精神能力是无限制的么？自然不是因之行将为科学所“征服”了么？我们这个感觉在十九世纪末叶倒成了科学上一个严重问题，同时我们对于这个问题所见到在理论上影响最著的答复，自然当推德国生理学家杜布伊斯·雷芒所代表的不可知论（der Ignorabismus）。根据杜布伊斯·雷芒不可知论的思想原则：“自然界在本质上就充满了不可思议的神秘性，上帝又给人类知识以不可消灭的界限。我们对于那个界限外的一切事物，仅能感到神奇，感到伟大而已。”杜布伊斯在他的著名讲演《对自然认识的界限》中所以说：“对自然的认识是两方面的，是有界限的。在这个界限之内自然科学家是主人是专家，他们对之能有所分析，有所建树。但是超出这个界限，譬如说什么是物质或力的本质等问题，我们对之不仅无所知，而且是永远不可知的了。”

杜布伊斯·雷芒的不可知论在原则上所指示我们之点，自然是在于科学虽然包含了许多精致理论，但是事实上关于物理世界的基本问题如物质或力的本质等等，仍然无法答复，仍然是不可知的。固然我们并不能否认科学确无法解决一切关于“本质”的问题，不过科学之所以不能解决这类的问题，既不是如杜布伊斯·雷芒所言对自然的认识上具有原则的界限，也不是因为这类的问题之为问题根本就非科学所能答复，而是因为从科学立场而言：它们不是一种问不得其当的问题，就是一种根本不成其为问题的问题。譬如在物理学中关于“光”的问题，我们所得到的答复仅为“光”是一种电磁的现象。我们在这个答复中对于“光”之所以为“光”所能认识的，仅为“光”与“电磁”是具有同样的方程式，“光”与“电磁”之所以不同，仅为其长短上所配合的量值的不同，此外即为应用它的方程式，我们对于一切与“光”相关的现象都能解释或推论。但是我们因之对于所谓“光”的“本质”仍然无法认识。我们因此不仅无法认识“光”的本质，而且因之简直可以否定“光”的“本质”的存在。假如我们根据杜布伊斯·雷芒的意见从穷求光的“本质”中以得到“光”的认识，那么我们对于“光”之为物不仅不能了解，同时“光”之为物理学问题早成了不可知的问题，成了所谓“宇宙之谜”了。但是在现代科学中除若干不可知论者之外，谁也不将“光”的问题视为一种不可知的问题，视为一种“宇宙之谜”，这是事实所不能否认的。

杜布伊斯·雷芒所谓不可知问题不仅在事实方面根本不成其为问题，就是在逻辑方面也是根本不成其为问题的。从逻辑方面：假如我们对于实际事物有问题提出，事实上就是我们对于某些事实有新的表达。所以某个问题之能否答复，即为那问题对于某些事实的表达之能真或假。我们对于某个问题之能真或假在原则上的确定，自然在于那个问题之能有无意义，仅有一种不能真或假的问题，才是绝对无意义的。至于我们用以确定某个问题之真或假或有无意义的标准，则在那个问题的证实方法之说明。所谓说明某个问题的证实方法者，就是了解某个问题与事实的比较手续，认识某个问题的事实根据：因为一切实际问题都期求对于事实有所表达，所以它之为真为假，必须与事实有比较的可能，有事实证实的必要。假如一个问题无论事实如何不能证实它之为真为假，反之它之为真为假亦与任何事实无何关系，那么这个问题一定对于事实无所表达，它一定是根本不成其为问题了。

我们认为杜布伊斯·雷芒所谓不可知的问题，如物质或力的本质根本不成其为问题者，即因我们对于这些问题的证实方法根本就无法说明。换句话说：我们对于这些问题既无法找到与事实的比较手续，亦无法确定其在事实上之有任何根据，这些问题事实上仅有一个无事实对象的实际表达，无事实内容的实际问题。而且我们对于这些问题的证实方法所不能说明的，不是事实的而是原则的。一个事实上不能说明其证实方法的问题，我们还能假定其为问题的可能性而归咎于人类知识在理论上和技术上的缺点，但是一个原则上不能说明其证实方法的问题，则等于说：我们对于它根据任何事实不能确定其为真为假，它是从真或假上根本不能了解的。那么这类的问题，自然不成其为问题，或者如维也纳学派中人所说仅为一无意义的“似是而非的问题”而已。

什么是事实上不能说明其证实方法和原则上不能说明其证实的问题呢？譬如我们说“在月球反面有三千米的高山”，这就是一个事实上不能说明其证实方法的问题：因为我们根据现有的科学方法和技术对于这个问题，并不能得到一个事实上的结论，一个真或假的答复。但是这个问题之为问题以及它的证实方法，在原则上是可以想象的。但是假如我们说“在电子内有所谓无外发作用的核子存在”，则就不同了。这样的问题，确是一个原则上不能说明其证实方法的问题：因为我们对于这个问题的证实手续，或者说确定这个问题之为真为假的事实根据，仅能以那个核子在电子中以外发作用为基础，但是，那个核子的存在概念中就否定了这个证实可能性，所以它是从真或假上根本不能了解的。维也纳学派有人曾说：过去许多不可知的问题，并不是因有其问题而不可知，而且因为根本不成其为问题，所以“不能解决”或者说不可知了。关于这类的问题虽具有其他问题的语言形式，但是事实上仅得一种无意义的文字联系，它虽合乎一般的修辞规则，可是与语言逻辑根本不相容的，因此我们对于这类问题加以逻辑的考虑和语言的分析，就能确定它们之为实际问题的无意义性，或者说就能确定它们为一种“似是而非的问题”了。

（三）非欧几里得几何学与康德的先天论

事实上不可知论的思想原则之无科学意义，杜布伊斯·雷芒并非一无所知，仅他以为这类的问题之为问题虽无科学意义，但有其哲学内容，它是一个关于“哲学的”问题。不仅这个问题是一个“哲学的”问题，就是科学中所谓时间空间、因果律、实质等问题，都是属于“哲学的”问题，都是从科学立场所“不能解决”的。关于时间空间之为“哲学的”问题、哲学的真理这一点，从哲学史而言，是从大哲学家康德开始。根据康德的空间理论，实际空间是以欧几里得几何学为基础的，是一种“纯粹直观的形式”。同时康德还指示我们：“纯粹直观的形式”之为实际空间的形式，是具有绝对效用的，是一个“先天综合判断”。因为如康德所云，空间虽不是一件实在的物体，但是我们所能感觉的实际对象则不能在这个空间之外存在，所以它是一个关于实际的判断，是所谓综合判断。至于这个综合判断之所以具有先天的性质，则必须归功于“纯粹直观”的作用。康德对于“纯粹直观”所具的先天作用曾用欧几里得几何学为之证明。康德认为欧几里得几何学的基本概念，如线、点、平面等，虽然是从若干公设上推演而来的概念，但是，它们的理论根据并不在于若干公设之能否证明，仅在于“纯粹直观”方面的信念。换句话说：欧几里得几何学的基本概念如线、点、平面等，事实上是“不能定义”的，同时它们无须定义：因为什么是线、点、平面等等，我们一观便明白了。

从康德的哲学立场而言：实际空间仅有欧几里得的空间，欧几里得几何学既以“纯粹直观”为基础，那么实际空间自然是“纯粹直观”之一点，在数学理论上曾引起许多数学家的怀疑。俄国数学家罗巴切夫斯基（Lobatschewski）曾想将欧几里得的平行线公设作出数学的证明；但其所得的结论不仅指出平行线公设在原则上无证明之可能，而且还指示我们在欧几里得几何学之外还能建立一种非欧几何学的可能性。还有德国数学家魏尔斯特拉斯（Weierstrass）对于几何学以“纯粹直观”为根据一点，也异常的怀疑。终于他从数学方面用方程式证明出来：欧几里得几何学中所谓一条完全连续的曲线常能抽一条切线，是一个错误的公设：因为有许多完全的曲线虽是连续的，但是在任何一点上都不能抽出一切线。魏尔斯特拉斯还告诉我们，这样的曲线在任何一点上不能具有切线的原因，是很简单而易见的：就是应用叙述这样曲线的方程式，无论在某一点上，都无法求到微分数的。

此外，更与康德的直观几何学根本不相容的，就是希尔伯特的形式几何学的成立。从希尔伯特的几何学的思想原则而言，几何学应是一种纯粹形式的演绎体系：它既无须综合的成分，也无须直观的基础。所以这个几何学的基本概念如线、点、平面等等的构成，根本无须康德之所谓“纯粹直观”的作用，仅从公设上假定上而定义之。这样从公设上假定上所构成的概念，我们能称之为从“公设上得来的定义”从“假定上得来的定义”，或者说“蕴涵定义”。希尔伯特的几何学事实上就是一个“蕴涵定义”的形式体系和命题系统。我们在这样的命题中就能见到几何学的概念如线、点、平面等等，固然这些概念之所以有其意义，自然不在于它们原有的意义，而在于它们满足它们从公设上所假定的形式关系。或者说它们能否满足用以定义它们的公设或假定。譬如我们说在 a 的直线上 C 在 A 和 B 的中间。在这个命题中之所谓“在”与“中间”的意义，与“在”和“中间”本身的定义，完全无关。这里之所谓“在”与“中间”，仅用之以表达在 a 的直线上 ABC 的如何关系而已。康德不是认为几何学为一种与实际有关而具有先天性的科学么？但是希尔伯特则认为几何学之为科学，完全因其为一种与实际无关专与形式关系为伍的形式科学。它确是一种带先天性的科学，但不是一种综合的先天科学，而是一种分析的先天科学。假如它是一种综合科学，那么它就失了其先天性，仅因它是分析的科学，所以才具有了先天的作用了。

不仅以“纯粹直观”为基础的几何学为一种“先天综合判断”，是错误的，就是几何学之为空间科学为一种上述的判断，也是错误的。康德认为物理的空间是所谓带纯粹直观性的空间，其实这样的空间并不是属于物理的空间，仅属于感官方面的空间。这个属于感官方面的空间如视触等等，事实上不知有若干种，而且各具有各的主观的内容。但是物理的空间系有一个“固定空间”（der Raum），同时是客观的而不是主观的，是形式的而不是直观的：它仅以“概念机构”（die begriffliche Konstruktion）为唯一对象，仅用以所谓“相合方法”（die Methode der Koinzidenzen）为事实基础。这个物理的空间既然以“概念机构”为对象，那么对于它之能应用某种几何学能否供给实际空间以简单而精确的格式为标准。从这个物理学的空间标准而言，好似欧几里得几何学之为空间形式虽已失其先天的普遍性，可并不因此完全失其实际的应用性。但是现代物理学对于物理空间能应用何种几何学这一点，已经根据爱因斯坦的“万有引力理论”而说明了。爱因斯坦曾指示我们：假如我们对于自然界用最高度的精确性和简单性的格式叙述，则必须放弃欧几里得的传统几何学，而代之以黎曼的非欧几里得几何学。固然我们并不因此就认为现代物理学的空间是非欧几里得的，因为物理学是为“自然叙述”，在原则上就不能以某一种几何学为空间的固定标准，同时也无一种所谓“直观”能告诉我们物理空间的机构是这一种几何学的而非那一种几何学的。所以维也纳学派中人认为相对论以后的时空观念，应分为两种：一种为主观的体验的时间、空间，是属于日常生活中的；另一种为相对的时空多元性的时间、空间，是属于现代物理学的，康德所谓“纯粹直观”的时间、空间，事实上就是一种主观的体验的时间、空间，所以它在现代物理学中的意义，仅为日常生活中的时间空间，而非科学中的时间、空间了。

由于相对论的创立，我们不仅对于实际空间问题，得到事实上的答复，就是对于几何学本质问题，也有了更深的认识。康德认为几何学既为一种综合的先天科学，那么他对于几何学在数学上和在物理学上的作用已经说明了。不过我们如将几何学视为一种分析科学，那么我们将如何说其在物理学方面的应用呢？关于这个问题，维也纳学派有人曾告诉我们：几何学事实上不仅有一种几何学，是有两种几何学的。一种为“物理几何学”，一种为“数学几何学”。物理几何学是以叙述物理世界中的固体与光线关系为对象，是一种综合科学；数学几何学则以纯粹形式的关系为对象，是一种分析科学。维也纳学派对于几何学本质的如此解释，爱因斯坦在他的名作“几何学与经验”中已经完全同意而加以采用了。

（四）“测不准理论”与因果律

康德不仅认为带直观性的时空观念，是一种先天的知识，同时也认为因果律之为科学知识的必然假定，也属于先天知识之一种，康德不是说如是么：假如实际知识不是根据我们的“思维形式”，而专以实际经验为标准，结果则不免为经验所否定而永远不能成一种普遍的知识。康德既主张知识仅能有合乎“思维形式”的知识，经验虽能否定过去的经验事实，但不能证明或推翻我们的“思维形式”，因此我们所谓知识虽对于经验事实有所叙述，但并不能为经验所支配，自然是一种先天的知识，是所谓“先天综合判断”了。但是康德的因果观念，从现代物理学观点而言，则已失其事实上的可能性。康德认为无因果的必然假定则无科学经验的可能性，然而在现代物理学中因果律虽已失作用，但是所谓科学的经验并不因之而失其存在。康德认为因果律之为科学知识的假定是不能由经验证明或推翻的，然而现代物理学虽不能给它事实的证明，但是从经验方面将它推翻了。从科学方面推翻因果律之为科学之必然假定的，是德国物理学家海森堡的“测不准理论”。根据这个“测不准理论”的原则，我们在古典物理学中所应用的因果律的自然律形式如所谓“某个事件的开始条件、领域条件能确定，则未来的相关事件即可由之而推论”，是在量子力学中根本无法应用的，是根本必须放弃的。海森堡的“测不准理论”因之曾指示我们：一种恰当为因果推论的开始条件与领域条件之电子速度和位置的确定，是一种无科学意义的假设。因为如“测不准理论”所言，假如我们欲精确计量电子的位置，则必须将其空间坐标加以精细的观察，如是可就妨碍了它的速度在观察上的确定性。反之我们如将电子的速度加以精确的计量，则在它的时间坐标的观察中而影响到位置的确定。假如我们将电子的位置与速度同时为精确的确定，则结果位置与速度都无法确定了。

康德的先天论因量子物理学的发展而失去其科学的意义，这是无可怀疑的了。但是德国新康德主义派中人则不然，他们欲保持康德的哲学传统，所以不惜从哲学思辨中而否定这个科学的事实。新康德主义派中人曾认为量子物理学所发见的因果律失效，是毫无哲学上的意义的。因为因果律原则之为科学知识的“先验前提”（die transzendante Voraussetzung），是不能由经验所能推翻的：它的可能性就是一切科学知识的可能性。但是什么是康德所谓“先验前提”呢？新康德主义派中人对于它的解释是不同的：它是一种关于实际的命题或是一种具有先天性的实际判断，甚至于一种一切知识的基本假定。不过从测不准理论对于因果问题的影响而言，无论其为实际命题或具先天性的实际判断，或为一切知识的基本假定，都已失其理论上的根据和哲学意义了。

因果律是一个关于实际的命题，这是无可置疑的。不过因果律之为实际命题在应用上所具有的普遍性，并不是如一般所谓因果连锁（das Kausalkett）、因果组合（die Kausalbund），而是一切因果推论应有的一种基本公式。这个基本公式曾指示我们：假如我们欲从 A 而推论到 B，那么必须根据这个公式加入一个变数和时间 T，而后方能构成一种因果假设。换句话说，我们根据这个公式，不仅从 A 而推论到 B，就是 CDE 在相同条件之下也能构成一种因果推论的。但是从“测不准理论”观点而言，我们在量子物理学中就根本无法得到这个基本的公式，所以因果律之为实际命题就失去其意义了。假如新康德主义派中人认为因果律之为实际命题，是根本不能由经验推翻的，如同欧几里得几何学之为空间科学之不能由经验推翻一样。但是欧几里得几何学之为空间科学不能由经验推翻一点，早已由普通相对论否定了，现在因果律之被量子物理学的否定，更足证明新康德主义派中人的哲学思辨之无实际意义和无理论根据了。

虽然新康德主义派中人可以说：因果律之不能为经验所推翻，是因它以一切“可能的经验”为对象，因此“测不准理论”对于康德的先天论不仅无冲突之点，而且根本上是一致的。但是什么是所谓“可能的经验”呢？从康德的哲学立场而言，无疑的就是因果律之为科学知识的假定与任何事实的经验，都无不适合的。不过我们以为因果律在这样意义之下，虽具有康德哲学的意义，但对于实际是无所主张的：这样的因果命题事实上仅是一个同语反复。假如一个命题对于实际有所主张，那么它必须仅能与一定的经验相适合，而不能与任何的经验都适合。仅有关于同语反复命题，因其对于实际无主张，所以才能与一切“可能的经验”相适合了。这样的命题譬如说今天是天晴或下雨，现在是九点钟或十点钟，仅有它是与任何经验相适合而不能为经验所证明或推翻的。因果律假如在这个意义之下，那么它的确不能为量子物理学所能推翻；不过量子物理学之不能推翻它，否定它，并不是因其为一种“先天综合判断”，而是因其为一种同语反复而已。

假如新康德主义派中人又说：因果律既不是一种普通的实际命题，也不是一个同语反复的判断，而是一切知识的基本假定。所谓一切知识的基本假定者，就是每一种实际知识之有其可能性，即是表示它具有了这个假定所指示的必然条件，如果它是作为先天知识而存在的，是所谓“先验的”，如是它则永不能为任何知识所推翻了。不过我们说欧几里得几何学之为空间科学已不能在这个意义下而存在，所以因果律又从这一点上以保持其普遍性，自然也是徒然的了。维也纳学派中人曾说过：“物理学已创造了一个新的场合，在这个场合之下因果律之为知识的必然假定如以前一般哲学家所主张，是绝对不可能的了。自然律已能自己决定其为知识的假定，这是量子物理学所发现的伟大而空前的创举。所以某一种科学理论原则在任何事实之下，必须维持其效用，是毫无目的的，因为无论如何

的知识假定，都能由经验从相反的知识假定的发现中而被否定的。”

从量子物理学对于因果问题所影响的分析结论而言：无论因果律之为关于实际的命题或为具有先天性的实际判断，或为一种知识的基本假定，都无实际的意义和存在的理由。“因果律失效”是一件科学的事实，是根本无法从任何哲学思辨中所能否认的。不过现代物理学认为“因果律失效”在哲学上的意义，并不是如一般物理学家所言是原则的，而不是事实的。实际上一切科学的经验命题，都是具有归纳性的命题，我们对于这类命题仅能视为一种无逻辑根据的假设，所以从任何经验命题中并不能证明其他经验命题的真理或错误，仅能指出其他命题的“或然等级”，量子物理学对于因果律失效所给哲学上的意义，因此仅为事实的而不是原则的。因为任何科学家哲学家也不能绝对否定在科学之再进展中，因果律之为自然律的基形式作为科学理论的基础，又将恢复它在理论上和事实上的用性，又将恢复它过去对于学术文化的贡献与价值了。

（五）“实在性问题”的哲学分析

我们常常能听到一种所谓“哲学的”意见：认为科学仅

以相对的“表面的”实际为对象，至于哲学则以绝对的“真正的”实际为对象。这样的问题譬如从相对论而言吧：根据相对论的思想原则，每个物体的长度是以其存在的“相关体系”（das Bezugsystem）为标准，所以我们不仅不能指定某个物体的“真正的”长度，而且同一的物体在不同的“相关体系”之下，还能具有不同的长度的。但是一般的哲学家则不然：他们认为典型的哲学问题，就在于如何认识在物体的许多长度中哪一种长度是它们的“真正的”长度，在它的许多“相关体系”中哪一种“相关体系”是它的真正的“相关体系”。同时他们还认为科学之所以以所谓相对的表面的实际为对象之理由亦在于此：因为如他们所言在实际的各种现象中一种如“物自体”的存在，是不容怀疑的。我们在哲学上所见到关于这样的问题，主要的就是所谓“实在性问题”，或者说实在论与实证论的问题了。

对于这个“实在性问题”实在论与实证论在原则上的不同点，就在于前者认为所谓“真正的”实在是一种超出一切实际现象而独立存在的，至于后者则认为所谓“真正的”实在是在这个实际现象中而能感觉的一种实在。我们从哲学之为语言分析的活动立场而言，自然对于某个实在或非实在不能有所判断，但是对于“实在的”或“非实在的”在逻辑上的意义，则能有所说明，所以我们的问题是在于假如有人主张某个实际是一种“真正的”实在，或是一种“表面的”实在，那么我们如何的确定他这个主张的意义呢？无疑的我们对于某个主张或命题意义的确定，是在于如何说明这个命题之为真为假的证实方法。假如一个命题的确有其实际的内容，那么它必须在原则上能真或假的，仅有一个对于事实无所主张的命题，则是不能真不能假的，或者永远是真的，永远是假的。凡是在原则上就能真或假的命题，都是有其事实的意义，都是一种有意义的命题；仅有在原则上既不能真也不能假或者永远真的或永远假的命题，虽具有逻辑上不同的意义，但都为一种空洞而无意义的命题。因为无论如何的实际命题，都期求对于事实有所主张、有所表达，所以它能否对于事实有所主张、有所表达，自然以其所主张的所表达的事实之存在或不存在为根据，同时我们亦仅能以这个事实之存在或不存在，证明这个命题之为真为假。仅有所谓同语反复或不相容性或其他无意义的命题，方能在真或假以外存在。不过这样的命题之能在真或假以外存在，唯一的原因是因其对于实际无所主张无所表达，是空洞而无意义的命题而已。

但是我们如何确定某个命题之为真为假或者说确定某些事实的存在或不存在呢？简而言之，就是如何确定某个命题的意义呢？无疑的从原则上而言：则是我们对于某个命题所主张所表达的事实，能否用一定的所与性（die Gegebenheit）为之解释为之证实。凡是一种对于事实有所主张、有所表达的命题，在原则上无有不能为真为假的，无有不能为一定的所与性所证实的。所以维也纳学派中人认为命题的意义，是在于它的证实方法。换句话说：某个命题之有无意义，是在于它所主张的事实能否经所与的证实，能否经“是”或“不是”的答复。凡是原则上能经所与的试验以及经“是”或“不是”答复的命题，都能真或假，都是有意义的。一切实际命题所有的意义不外它从所与的试验上所得的意义，不外乎从这个试验上所得的“是”或“不是”的意义。所谓经所与性的试验者或者说某个命题之有其证实方法者，事实上就不是别的，只是指出某个命题之能否与事实比较，有事实上的根据。换句话说，则为我们能否在某种场合之下指出某种所与性之存在或不存在，这个所与性与命题所表达的实际关系是正的或负的。假如一个命题在任何实际场合中都不能指出其所与性，同时无论如何的所与性亦不能证明它之为真为假，那么它是根本无法试验的，无其证实方法的，那么这一类的命题一定对于实际是无所主张、无所表达的，一个对于实际无所表达、无所主张的命题，自然是空洞而无意义的命题，或者如维也纳学派所谓“似是而非的命题”了。

现在我们能根据这个实际命题的意义标准将实在论和实证论的实在命题加以分析了。实在论的实在命题如哲学上一般的说法：“真的实在是超感能的”，是所谓“物自体”的实际。但是我们不难明见的：这样的实在命题，根本就不合乎实际命题的意义标准，因为假如一个对于实际有所主张的命题，在原则上必须经所与的试验的，必须由之而断定其为真为假的。但是实在论的实在命题对于这一点，早就为之否定了。所谓“超感能的”实在就是一种不能经过所与试验的表示。因此我们对于这个命题，就根本的不能加以肯定或否定了；因为对于某个命题之为真为假的确定，是以说明它的证实方法为根据，但是我们对于这样的命题不仅在事实上无证实的可能性，而且无原则上证实的可能性。这样的命题虽名为对于实际有所主张，但并无实际上的意义，名为关于实际的命题，但并无实际上的内容。这样的命题可以说是与我们在本文第二节中所举在“电子内有所谓无外发作用的核子存在”的命题，是根本相同的，就是它们都是一种空洞而无意义的命题而已。

至于实证论的实在命题如所谓“实在是感觉的复合”，也不是一种合乎实际命题的意义标准的命题，因为一个命题能否成为一个实在命题的唯一标准，不在于那个命题所主张的事实之能否感觉，仅在于其能否经带感觉性的所与的试验。一切科学的抽象公式因其有经所与试验的可能性，所以其实在性不亚于能感觉的对象如桌子板凳，等等。所以维也纳学派中人说“原子不是一个逻辑的构造”，不是一种“思维的方法”，而是绝对实在的。

固然我们对于实在论和实证论的实在命题分析得的结论，并不能满足实在论的或实证论的哲学家和科学家。他们虽无法从事实上或逻辑上以否定这个哲学的结论，但是他们总觉得“真正的实在”是“超感能的”或能感觉的。但是我们知道这是若干哲学家和科学家对于“实在性问题”一种“感情”作用，因为一个关于实在的命题假如加以“超感能的”或能感觉的限制，则结果假如我们否定“超感能的”实在，那就是将我们的祖先我们的文化都同时否定了，否则假如我们肯定理想中的实在如实在论者所主张的实在，则结果虽然能满足我们的“感情”，但是对于这个实在在实际上的意义，是毫无补益的，这是不容有所怀疑的了。

（六）“科学世界观”的基本观念

若干的哲学家和科学家所指哲学在科学理论中的特殊地

位，所谓时间、空间、因果律、实质之为哲学的问题，为哲学的真理，从对于现代科学与这些问题的关系的分析结论而言，是不确切的，错误的。一切有关科学理论原则的任何问题，都有应用纯粹科学的理论方法或经验答复的可能性，根本无须求之于哲学。固然我们并不因此就否认哲学在科学理论中的巨大作用，但是它的巨大作用是在从科学真理的逻辑意义的说明中而给科学以理论原则上和思想方法上的参考，可并不是因其为一种“超科学的科学”，能用之以建立所谓“太上科学”的形而上学的理论根据。这就是维也纳学派所谓“科学世界观”（die Wissenschaftliche Weltauffassung）的基本要义。关于这个基本意义，维也纳学派曾有人简单而明确的说明，我们且用之以作本文的结论。“以前若干物理学家认为有些物理学的问题是根本不能自己解决的，对于这些问题我们须用哲学的方法，须求之于哲学家。这类的意见因为物理学家不常加以思考而信以为真，所以一天天地扩张起来。但是关于这类问题在现代物理学中已经能用其方法得到答复，而且事实上已经有了答复。所以现代科学家遇有科学哲学相关的问题，无须盲目地投身于哲学家了。”

与夫人何玉贞在贵阳医学院（1938—1940）

五　量子物理学与因果问题

（一）因果原则与自然律

从一般的物理事实而言，因果原则在科学上的作用，并不能代表一种自然律（das Naturgesetz），而仅仅是指出一切自然事件的产生必为“有效法则”所支配的事实。至于因果原则与这个“有效法则”的关系，康德在他所应用的因果律形式中曾给以正确的说法。康德说：“一切事件在它们产生时即假定了一个法则，然后依据这个法则而产生。”[①]我们从康德的说法中就不难见到：因果原则在实际上的应用，必须以假定一个“有效法则”为前提。仅有根据这个“有效法则”，我们方能认识 A 事件与 B 事件的“因果关系”，才能从 A 事件的现

① 康德《纯粹理性批判》第一版。

在而推断 B 事件的未来，甚至于我们还可以说，每一事件的产生从整个的自然现象而言，是与其他的事件发生一定的关联性（die Abhängigkeit）的。

这个“有效法则”即科学上所谓自然律。从因果原则而见到的自然律，好似每个“有效法则”必须包含原因与结果的概念，因为依据一般的因果律内容，每一事件的产生仅为其他事件的原因或结果而已。但是事实上我们在任何精确科学的公式中既见不到所谓原因，亦无法指出所谓的结果。反之，进步的科学，如理论物理学，对于原因结果的应用，是必须避免的。理论物理学之所以避免原因结果的应用，自然不是对于因果原则有所非难，而仅仅是指出因果律在原因结果形式之下有着实际的困难性。从原则上而言，无论如何细小事件的产生，即与其他无数事件互为“因果”。我们如欲穷究其原因并说明其原因与结果，则所涉有关的事件实不可胜数。关于这一点，石里克曾说过：“一叶之落即与无数的星云变幻相关，如欲穷究其所由来，并断定它与有关事件的因果关系，则须将宇宙万物置于各种观察范围之内，如此这个问题实在为一个没有穷尽甚至于不可能的问题了。”①

① 石里克《因果原则的自然哲学观察》，见《自然科学》1921。

因此在精确科学中并不将自然事件视为原因的结果，仅将它当作状态的变动（die Zugstandenveränderung），同时每种状态又以一定的量值（die Grossenwerte）为之标记。所谓自然律在科学上的作用，主要的在于说明在某种时空关系之下一种量的变动（die Grossenänderung）对于其他的应有的影响。所以素称为自然律基础的因果律，就不能不放弃“相同原因相同结果”的内容，而以“假如开始条件（die Anfangsbedingung）与领域条件（die Grenzbedingung）能确定，则所有相关的事件即能由之推论”①为其概念了。同时我们为适应这个因果律的普遍性，还须将每一种量的变动的时间空间的邻接性加以无穷细小的限制，如是科学的因果律恰巧合乎数学上的微分律。所谓微分律是一种适用于小宇宙律，至于大宇宙律，则仅能根据数学上积分的计算推演而来。虽然世界的状态变动经此推演之后而与经验较易接近，甚至于还能扩张到辽远的时空范围去，不过从说明这个状态变动中所得的推论或预说（voraussagen），并不因之而更加精确可信，因为一切积分律所包含的实际假设，最后仍非回归到为其理论基础的微分律不可；同时微分律所叙述的无穷微小的量的变动，事实上是不能直接由经验证实的。

① 这是一个物理学中的因果律普遍公式。

我们虽能依据自然律了解一切自然事件的因果律性，但并不能借此证明一切自然事件的因果必然性，至于肯定素以主张因果律支配一切见称的决定论（der Determinismus）的原则，更缺乏事实上与逻辑上的理由。关于这一点在休谟之后本已不成其为问题，可惜到了康德又从他的先天论中得到思辨的根据了。

（二）因果律能定义么？

我们将自然事件的概念视为一定的物理量值，同时称某一种物理量值是具有因果律性质的，假如它与其他相关的量值有事实上的结合（die Verknüpfung），不过结合概念在应用上是非常欠精确和一致的。我们将哪一种结合作为因果律的结合或性质呢？关于这个问题，我们在科学中常见到的答复，就是：科学事件所具的结合性质并不是所谓原因结果的关系，而是数学上函数的形式。因此一种有规律的事件与偶然的事件的区分，是在于叙述这些事件的量值与相关的量值的结合关系，是否能经函数形式的说明，是否合乎数学上函数的概念。但是如此的因果律的实际标准是根本不可能的，因为任何偶然的事件从它的量值的叙述方面观之：我们在较复杂的手续之下亦能求到一个适当的函数，而且这个函数不仅能将与它相关的量值结合起来，就是在构造上与精确上都无可怀疑的余地。所以假如“因果律与函数的同一性”（die Identität von Kausalgesetz und Funktion）确为因果律的定义，那么世界上即无所谓偶然的事件，同时我们亦无须因果律了。

“因果律与函数的同一性”之为因果律的定义，是过于形式了；我们从纯粹形式的标准上无法区分某一事件为有规律的或为偶然的。不过反对我们主张的人可以说：我们所非难的因果律的定义并不是过于形式，而是忽略了这一个关于因果律形式的特点，所以不发生实际的作用，这个形式的特点就是所谓的简单性。一种有规律的事件与偶然的事件之区分在函数叙述上的意义，就是说经由一般的函数叙述的量值，并不就是因果律的表现，只有能经简单的函数叙述的量值，方能合乎因果律的条件。譬如在电器基量（das Elementarquantum der Elektrizität）的计算中，我们对于一种有规律的电荷（die Elektronenladung）的叙述，所应用的仅为一般的曲线与自然的函数。可是假如某种电荷是完全出于偶然的，这就是说：它每周每时每刻每分的时间内的过程前后是不同的，那么这个前后不同的过程，从能用曲线为之结合，用函数为之叙述，则在所应用的公式的构造上与手续上都是非常人工化的并是十分复杂的。简单性确是因果律的唯一特征，因果律的唯一标准。

但是“因果律与函数的同一性”作为因果律的标准，在理论上并不因加入简单性的概念而发生作用，因为如此的因果律的定义，无论在逻辑方面与事实方面都是无充足理由的。从逻辑方面而言，所谓简单性完全是一个相对的不精确的概念，同时它的不精确性从所谓“简单性的等级”中就不难证明。我们应用一个不精确的概念，不仅无法作为因果律的定义的根据，就是对于科学的因果事件也无从正确地了解。虽然我们能根据制约论的主张，认为简单性虽不是可分析的概念，但在科学理论上是完全能意会的。不过事实上一切科学的理论就不是一种制约的体系，至于科学的命题更不是从简单性中所构成的制约[1]。我们对于简单性之为因果律的特征现在还可以解释的，就是一切自然事件或者根本就不能精确地认识，所以一个不精确的科学概念也无伤于实际。不过这样对于科学对象和概念的看法，就与因果律在科学上的应用发生了矛盾：假如一切自然事件在本质上就不能精确地认识，一切科学概念在原则上就无绝对的精确性，那么我们可不需要因果律，更不须要所谓的科学。

从事实方面而言：我们对一自然事件在它的量值叙述方面，的确得到一种精确的公式，而且这个公式无论在手续与构

① 约定论者如彭加勒、丁格来尔主张因果律仅为一种“约定”而已。

造上都非常的简单。可是假如我们将这种事件认为是因果的事实，那么在这个因果律的继续观察上即会感到失望，因为我们根据它所推论的未来所预说的事件，是毫无实际的反映可言的。对于这一点，我们虽然还可以说，这个因果事件在过去确已证明它的作为，不过现在忽然间完全失效了。但是这样的说法事实上仍无法给简单性的因果律以存在的理由，因为这样我们在无意中就将因果律之为“自然说明”的普遍性否定了，同时因果律在科学上的作用也因之被否定了。因此我们就仅能认为一种为精确而简单的公式所叙述的事件，并不是证实因果律的存在，反之完全出于偶然的：某种事件的量值能得到一种简单的公式罢了。

虽然坚持“因果律与函数的同一性”作为因果律的定义者最后还可以主张，这个因果律的标准虽不能因加入形式的特点如简单性而发生实际的作用，可是如更改以实际的特点，则将合乎因果的事实。这个实际的特点如马克斯维尔所谓一个因果律的公式，必须包含了所叙述的量值在时空坐标上的普遍性；换句话说，它所能指示我们的，就是假如某一事件在某时某地某种条件之下发生，则它在何时何地在同样条件之下亦有发生的可能。马克斯维尔的因果律定义即一般所谓“相同原因相同结果”的因果概念。不过在现代物理学中我们对于电流基量的计算所能确定的，仅是每种电荷每隔七小时之后又七小时继续又十小时平均的约5%的波动，但我们既无法说明其原因，亦无法指出其结果；即使中间有一种与前不同的波动忽然的产生，我们亦仅能知其然而不能知其所以然。这个现代物理学的事实，分明是不能由马克斯维尔的因果律去说明，显明的指出它的普遍性的失效。但是物理学的世界并不因之成了偶然的；相反的量子物理学之为一切自然律的基本认识，就是一切因果律的公式的最后根据。所以我们认为马克斯维尔的因果律定义过于褊狭了；我们根据它仍无法区分有规律的与偶然的自然事件，至于以它为科学的因果律的定义，更是不可能的了。

怎样的结合才是一种因果律的结合或性质呢？我们对于这个问题迄今未得到满意的答复；我们所得的答复，不是失之过于形式，就是失之过于褊狭，在事实上皆不合乎因果律的实际标准。但这并不是我们答复的缺点，而是我们提出因果律定义这个问题的错误。我们以为从纯粹因果律的定义中或仅从量值的形式的叙述上即可区分有规律的或偶然的自然事件，其实某种事件与其他的事件是否有因果的结合，是否为因果的事实所能说明，仅从这一方面是绝对无法确定的，此外我们还非明了如何的证实它或试验它不可。我们何以对于因果律需要一种证实或试验呢？这是我们现在应答复的一个问题。

（三）因果律的实际标准

我们从不同的因果律定义中虽能认识各种规律的形式，可并不能根据某一种形式来区分有规律的与偶然的事件。这是因为我们对于因果问题，太重视了它的形式标准，殊不知了解因果律之为实际命题的意义，是在于如何的试验它与实际的关系，我们仅有根据这个试验才能明了 A 事件与 B 事件有无因果的联系，才能确定因果命题有无实际的内容。但是这个对于因果律的试验是怎样开始的呢？

从因果律与实际的关系而言，我们已经发现一个适合于观察结论的公式，而且这个公式无论在构造上与手续上都非常的简单，我们亦不能认为“因果律的存在”；因为怎样偶然的事件在原则上都有经适当公式叙述的可能，甚至于意外的还能得到构造上与手续上简单的叙述。我们对于这个适当而简单的公式所能利用之点，仅因它是试验因果命题的唯一基础，假如没有这个基础，则对于因果律的一切试验，是根本不可能的。但是我们一旦有了这个基础，那么我们就能根据它从推论上与预说上构成种种因果形式的假设，而后从这些假设与实际关系的比较中以确定因果律的内容，证实因果律在科学上的意义。不过我们在试验中亟应顾及到的就是从某个基本公式所推论所预说的因果假设，除了“已见的张本”（die beobachtbare Daten）之外，亦能经“未见的张本”证实的。所谓“未见的张本”是一种与某个基本公式有关的事实，但并未包含在这个公式之内，仅能从中用数学方法推演而来者。因果律之为自然规律的普遍形式，从它的试验标准而言，主要的应在于所推论的能否由经验的证实，所预说的能否有事实的相符，可不应在推论的证实上与预说的相符上再加以时间的限制：因为试验之为因果律的标准，原则上是以一切时间性的证实为目的，而不是对于过去或未来加以证实而已。关于这一点石里克也曾说过：“我们有了一种基本规律之后，才能开始为因果律的试验，这是无疑问的。不过如此并没有给未来以特殊性。我们对于因果命题的试验所注重之点，则为所推论的、所预说的能否由张本来证实，或者说那个证实所试验的对象的张本是否存在。至于这个张本在试验之前或其后才发觉，这是毫无科学意义的。譬如在现代物理学中，前者如水星的变则，后者如光谱的红色的转形。因果律之为实际命题的特征，不仅是为未来或过去所能证实，是能为一切时间性所能证实的。……假如由某一种时间性所证实的张本，能够从推论上推演出来，从预说上恰好言中，则这个事件已经合乎因果的条件，或者说我们已经深见它的因果律性，同时无疑的我们能视它为一种自然律了。‘预说的言中’（das Eintreffen der Voraussagen）确实是因果律的唯一特征，因果律的唯一标准。”[①]

可是“预说的言中”之为因果律的实际标准，从理论方面言，是必须说明的。我们所谓因果命题的证实，并不包含因果律证明的意义，仅是指因果律在应用上将增加若干或然性而言。换句话说，假如我们从某个基本公式所预说的假设有了经验的证实，那么我们还可以继续地说，这个假设在未来的应用上仍有被证实的可能。至于因某种因果假设的证实而认为因果律的“最后证实”（die endgültige Verifikation），这是毫无科学根据的。虽然在现代科学理论中不乏有人主张：因果律在原则上所必须的不是所谓“最后证实”，而是一种“或然证实”[②]。但是每个证实的命题都是对于事实有所主张、有所叙述。这个所主张的所叙述的事实之能证实或不能证实，就是某个命题之为真为假或有无意义的根据，与所谓“或然的证实”简直毫无关系可言。我们对于或然概念的应用，仅能在一个命题之为真为假未分以前，才有其意义。假如一个命题的为

---

① 石里克《物理学中的因果律》，见《自然科学》，1931。

② 德国自然哲学家赖辛巴赫所主张的就如此。

真为假已分，则这个命题是真的或是假的，可就无所谓或然的了[1]。

关于因果律之所以无最后的证实这点，是一件浅而易见的事实。我们无论根据什么自然律所构成的因果假设，即使它已有反复的证实，我们亦无法认为“因果律的存在”，因为未来的试验和观察时时有指出它的虚伪性的可能；而且这种虚伪性在理论上与试验上，并不减于因果律的真实性的或然程度。哲学中所谓归纳问题拟从逻辑立场以证明实际命题的普遍性，可是事实上我们对于这个问题不能不同意休谟的答复：就是这样的逻辑证明是决不可能的。至于它之所以不可能为理论的理由，石里克与维特根斯坦曾更进一步地说明过。石里克说：“自然律之为因果律的基础，在原则上就未具有一种命题应有的性质，所以它不是一种合乎逻辑条件的命题，仅是一种教我们如此‘构成命题的指示法’（die Anweisung zur Bildung der Aussagen），因为一种合乎逻辑意义的命题必须最后证实，不过一种对于因果律的最后证实，无论在事实或逻辑方面，都缺乏主张的根据。”[2]

① 参阅魏斯曼《或然性概念的逻辑分析》，见《认识》，1929。

② 参阅维特根斯坦《逻辑哲学论》以及石里克的《物理学中的因果律》，见《自然科学》，1931。

因果律在原则上虽不是一种合乎逻辑意义的命题，但并不是一种“愿望语句”或“命令语句”。这两种语句从语言逻辑方面而言，亦未具有一种完全命题的性质。我们对于自然的一切只能从研究上“知”它与“识”它，可无法对于它有所“愿望”有所“命令”。自然科学中所谓自然律、因果统计律的“律”，实际上是指“自然说明”、“自然叙述”的指示法则而言，并不包含如法理上所谓“绳之以律”的“律”的意义。我们对于自然现象既不能如对社会现象可由“绳之以律”、“置之以法”而解决问题，亦不能对之加以愿望或命令，而得到自然中的“知”，自然中的“识”。反之从“律”、“愿望”、“命令”本身而言，如此的概念在自然科学上的应用，根本就失去它们的意义：因为我们对于无可“律”的“律”、无可“愿望”的“愿望”、无可“命令”的“命令”，还能了解么？还能想象么？[①]

（四）因果律与量子物理学

“预说的言中”之为因果律的实际标准，由于量子物理学

① 参阅毕尔生《科学典范》，商务译本。

的进展日益加以证实，而且在实际方面它可称为因果律的唯一形式。古典物理学认为因果律在科学上的应用，是在于某种事件的开始条件与领域条件之能否确定。假如这两种条件能够确定，则其他相关的事件即可从而推论。但是如此形式的因果律，现在已无它的普遍性，因为从海森堡的“测不准理论”而言，一种恰当“因果推论的前提”的电子的位置与速度，对于它们的同时确定是绝对不可能的，因此因果律之为自然律的基础，就失了实际的根据而发生原则上的怀疑了。

我们欲对于因果律与海森堡的“测不准理论”的关系得一正确的观念，则必须将这个理论的事实加以原则的认识。所谓海森堡的“测不准理论”实际上是如此的：根据量子物理学的理论原则，每种物理的体系，都应视为一种电子与质子（das Proton）的体系，甚至于一切物理的状态亦仅能根据质点的位置与冲动（der Ort und Impuls der Partikel）而确定。可是到了海森堡的“测不准理论”成为物理的事实之后，所谓质点的位置与速度的精确度量，已失了它的实际的可能性，因为如海森堡的“测不准理论”所云，每种物理的体系，从质点的位置与速度方面而言，都包含着一种不准确性的关系。海森堡的“测不准理论”因之曾指示我们：假如我们欲精确计算质点的位置，则必须将其空间坐标加以精细的观察，因此可就妨碍了它的速度的准确；反之我们如将质点的速度加以精确的计量，则又将在时间坐标的观察中影响到它的位置的准确。换句话说：假如质点的位置坐标 P 是在一种最小 ΔQ 的中间（das Intervall），那么它的速度坐标 p 的量值在 Δq 的中间之内，总是不十分准确的；同时它的测不准的程度从 ΔQ 与 Δq 的积数而言，恰合乎普朗克的量子常数 h。海森堡的“测不准理论”认为物理体系所包含的不准确性，实际上就是质点的位置与速度在同时的精确度量中的不相容性；同时这个不相容性确如一般对于海森堡的“测不准理论”所言的那样：“就是质点的位置的精确程度愈甚，则它的速度的不精确性愈增。假如我们对于质点的位置与速度欲同时准确的确定，则结果其中之一——位置或速度——都无法确定了。”

我们对海森堡的“测不准理论”有了这点认识，现在就能穷究它所给因果问题的意义。从维也纳学派的立场而言，穷究一种科学事实的意义，实际上即为如何地说明它的证实方法。因此我们目前的问题就是海森堡的“测不准理论”所谓质点的量值仅能得到 Δp 的准确性，质点的速度方面仅带着 Δj 的准确程度。我们怎样地说明这些命题的证实方法呢？或者如何的试验它们之为真为假呢？

假如一种分子（ein Teilchen）顺着一定方向从 A 点向 B 点

上飞跃，我们对于它的速度试验或计量，无疑的仅能根据一种预说而判断。这种预说就是指示我们：在一定时间之内某种分子将从某个方向的一点上而到达其他的一点上。所谓质点的速度仅带着 Δj 的准确性，事实上只是我们对于它的预说所能言中的，仅为某种分子在一定时间之内在 Δj 的角度的某一点发现，可是我们无论如何不能从预说上确定它一定发现之点。若是我们对于它加以再次的观察，那么结果我们所能知道的，亦不外某个分子在 Δj 角度的不同点之发现，仍旧事前无法确定其将发现之点。固然我们能用锋锐的光力——譬如用 X 射线，——以便用于观察分子所经方向，不过这个光力在它发生作用的中间，就与分子互相冲突，以至于分子所经的路程完全被扰乱了被摧毁了。因此这种观察的结论，既不能对于质点的速度亦不能对于质点的位置有准确的确定。

海森堡的“测不准理论”所谓质点的位置与速度之不能同时确定，事实上仅是指出在量子力学的体系之内对于质点的速度与位置的准确预说，是毫无科学根据的。预说之不能确定才是量子物理学认为一切物理的理论包含着测不准性的原因，因果律原则在现代科学上失效的根据，同时亦是海森堡的理论所发现的真理的伟大意义。可是许多从海森堡的理论立场对于“因果律失效”观察所得的结论多有忽略了这个事实的理由：他们并不认为“预说的不确定性”为“因果律失效”的原因，反而主张所谓开始条件与境界条件或者说“目前状态”无法计量，才是因果律失效的根据。实际上在海森堡的理论中对于“目前状态”的计量，并不是原则上不可能，而且这个可能性，爱丁顿在他的名著中已经说明了。爱丁顿说：“我们如将质点的位置接连着为再次的观察，而后将观察的关于质点的位置与速度的结论从形式上连贯起来，如是所谓质点的‘目前状态’即因之而确定。但是这里所成为问题的，就是根据这样所确定的状态，仍旧无法为未来状态的预说。假如我们将质点的速度与位置用古典物理学的方法（过程除时间），可是一转眼间则所观察的速度已经与前不同，同时在速度转瞬间的千变万化中，分子原来的位置的方向，又因观察的手续的影响而被完全扰乱以至于不可捉摸了。”①

“预说的测不准性”之为“因果律失效”的原因，是无可怀疑的了。同时我们因之日益不难证明：“预说的言中”之为因果律的实际标准，是合乎现代物理的事实的，因为根据海森堡的理论，因果律的失效，并不因“目前状态”之不能计量，反之所谓“目前状态”之所以不能计量，亦因预说的不可能、

① 爱丁顿《现代物理的世界》。

预说的不确定从中作梗而已。固然量子物理学所给“预说的言中”之为因果律标准仅是一种“负”的意义，不过这个“负”的意义在原则上并无伤因果律之为“规律的存在”，因为如石里克所言：“谁也不能主张世界上一切预说都完全失了效用，都无法对于事实有所言中；仅是有的预说不能对于所言中的事件有精确的说明，它所叙述的量值仅能有如下的形式，就是譬如说的量值在 a 到 a ＋ Δa 的中间活动罢了。”[1]

（五）“因果律失效”的哲学意义

“因果律失效”所引起哲学上的问题，主要的当推由柏格曼（H. Bergmann）所代表的新康德主义派的因果论[2]。从这一派的哲学观点而言，量子物理学所发现的“因果律失效”，是毫无哲学意义的；因为因果律之为科学知识的“先验前提”，是不能由经验证明或推翻，它的可能性就是一切科学知识的可能性。柏格曼认为因果律在原则上不可能由经验证明或推翻这一点而言，自然是以康德的“先天综合判断”为根据。

① 石里克《现代物理学中的因果律》，见《自然科学》，1931。

② 柏格曼《物理学中围绕因果性的争论》，1929。

所谓“先天综合判断”一方面是包含着实际的知识，是综合的，另一方面则无须经验的试验而有其效用，即所谓先天的。从“先天综合判断”而见到柏格曼的因果概念，在理论上具有非常的伸缩性：就是因果命题既是一种关于实际的命题，亦是一种具有先天性的分析判断，甚至于最后它还是一切知识的基本假定，柏格曼之所以给因果律如此的伸缩性，是在于使它尽量脱离经验的绊羁而增加它的先验的基础。可是从海森堡的理论对于因果问题的影响而言：无论因果律是 1. 一种关于实际的命题，2. 一种具有先天性的分析判断，或者是 3. 一种一切知识的基本假定，事实上都已失其伸缩的余地及其根本的意义了。

关于第 1 点：无疑的因果律是一种实际的命题，而且是一种叙述自然律的命题，根据这个命题的原则，自然一切是具了因果的确定性。所谓因果的确定性就是说，一切自然事件的产生在原则上，即能从某个普遍的基本公式而预说：A 能确定 B 从因果的关系而言，即不外乎 B 有根据 A 的公式预说的可能性。固然我们在这里必须假定的，就是一种普遍的基本公式，有了它，然后我们加入一个相当的变数（das Variabel）与时间 t，以构成 A 而到 B 的因果假设。所谓普遍的概念和科学上的意义，并不是一种直觉的神秘的作用，如“因果联系”

或“因果组合”，仅是根据某种基本公式除了 AB 能从中预说之外，即 CDE 等，在相同的条件之下也是同样可能的。可是从量子物理学的观点而言：这样的普遍的基本公式根本就无法存在，而且海森堡的理论特别的对于这一点加以了肯定。柏格曼对此无疑的可以说，因果律之为实际的命题在原则上就不能由经验所推翻，因为它是一种科学知识的前提，一种先天综合判断。康德的“先天综合判断”之为实际命题之根据，事实上久已失其根本的意义。康德认为在因果律之外欧几里得几何学与空间的关系，也是一种科学知识的前提，一种“先天综合判断”；不过前者因海森堡理论的成立而成了问题，至于后者早因相对论的发现而被否定了。因此假如一个命题对于实际有所叙述，则它的效用性仅能从它的真假的试验中确定，仅能从经验上证明。凡是一种命题视之如一种关于实际的命题，但在原则上“无试验的可能”与“可能的经验”（die Möglichkeit der Erfahrung）无不符合，则这个命题决不是一个真正的实际命题，它非是一种空虚的同语反复的命题不可了。

关于第 2 点：仅有无实际内容的空虚的同语反复的命题，方无须经验的试验而有普遍的作用。假如柏格曼认为因果律具有这样的基本的性质，那么就是同意因果律是一种同语反复。可是从量子物理学指出“因果律失效”一点观之，就能断定因果律既不是一种带先天性的分析判断，也不是一种同语反复的命题；因为一种无实际内容的分析判断、无实际作用的同语反复，的确如康德对他的先天综合判断所言不能由经验证明或推翻；现代量子物理学既主张非决定论的科学原则而对决定论有所非难，自然是证明因果律为一种真正的实际的命题了。关于这一点，石里克说得好："因果律是具有同语反复的性质，那么决定论是对的，不过是空虚的，至于它的反对性非决定论则更为矛盾的了，因为同语反复的反对性就是所谓不相容性；但是现代物理学已经指出因果律原则的失效，也就是认为它不是一种同语反复或一种无意义的命题，它的真伪性是经验所能支配的。"①

关于第 3 点：因果律既不是一种实际的命题，也不是一种同语反复，而是一切知识的基本假定。所谓知识的基本假定，依据康德的意见，认为凡是关于此类的理论原则都不能为实际的经验所支配，反之实际经验之成为一种知识理论，完全是归功这样的假定与它的配合。因果律既然是一种科学知识的假定，每种科学理论均包含有它的作用，自然是不再为任何科学理论所能推翻的。不过从现代物理学的事实而言，所谓欧几里

① 石里克《现代物理学中的因果律》，见《自然科学》，1931。

得几何学三度空间形式是一种科学知识的假定，已经因根本不合乎相对的空间标准而被否认，至于因果律之为自然律的必然条件，根据海森堡的理论已经是无效的了。海森堡曾说：“一切物理的试验都是关于量子力学的，所以量子物理学，已经将因果律在科学上的作用否定了。”[①]因此一切科学的假定在实际上的意义则不外如石里克所云：“物理学已创造了一个新的场合，在这个场合之下，因果律原则之为知识的必然假定如以前的哲学家所主张，是绝对不可能的。自然律有自己决定科学知识的假定，这是一种前所未见的伟大创举。所以一种科学理论原则在任何场合之下，必须维持它的效用，是毫无目的的，因为无论怎样的知识假定，都能为经验由于相反的知识假定的发现而被推翻的。”[②]

从量子物理学而见到柏格曼的因果论，无论因果律之为实际的命题，或为一种分析判断，或为一切科学知识的基本假定，都无实际的根据与存在的理由。“因果律失效”是一件科学的事实，是根本无法否认的。不过它的失效在哲学上的意义，并不是因其为自然律的形式的错误，因为量子物理学

① 海森堡所著，见《物理学杂志》第43期。

② 石里克《现代物理学中的因果律》，见《自然科学》，1931。

认为“因果律失效”的原因，是在于一切精确的有效的预说的“不可能”。所谓精确的预说的“不可能”，事实上就是一种新的观察的张本[1]，不能从一种旧的或未来的而说明而推论，因为我们对于这个新的张本的说明，所需要的是一种普遍的基本公式；不过这样的基本公式根据海森堡的理论是无法存在的。但是这个“不可能”就无逻辑上的意义：从逻辑方面观之，无论怎样的不能联系的新的与旧的观察张本，我们亦能事后求到一个适当的数学公式；从这个公式的联系上它们不仅能结合起来，甚至于还能构成一种与规律无二的外表。此外所谓“不可能”亦不是事实的。从事实方面观之：我们从猜度中亦能发生实际的作用，在偶然上亦能言中有效的公式。而且这样的猜度与言中是任何自然律所不能禁止的，因为一切体验的知识仅是归纳的知识；所谓归纳的知识，在原则上亦何尝不是一种带习惯的猜度、带信仰的猜度呢？

现代物理学认为“因果律失效”既不是因其错误，亦不是如人所谓之为自然律的原则是空虚的无内容的。假如因果律因其空虚无内容而失其作用，那么它确是一种同语反复。不过我们已经说过：因果律决不是属于这一类的命题，原因是这一类

① 见本章第三节因果律的实际标准。

的命题的反对性是不能为经验所能发现，它是一种纯粹逻辑的事实；一个实际的命题既不能无往而不真的同语反复，并不能成一种无往而不假的不相容性。“因果律失效”既为现代物理学所指出，那么我们就不能称其因空虚无内容而失效了。

因果律在科学上之失效，事实上因其为自然研究的指示法则在量子物理学范围之内，不能对于科学理论的构成的实际研究的步骤有所帮助、有所补益，我们在第三章曾经说过：因果律不是一种合乎逻辑意义的命题，仅是教我们如何构成科学假设的指示法，因为一种合乎逻辑条件的命题是必须能最后证实的，可是一切关于自然的命题原则上就无此可能性。所以因果律的失效的科学意义，则不外乎是：“因果律原则所给我们对于一切自然法则的了解以及一切观察结论的说明的指示法，在量子力学范围之内是不能应用的（unbrauchbar），因此量子物理学就给了我们一个替代的对于自然研究的指示法；这个指示法完全与因果律原则成反比例的，如是因果律就被视为无应用性而被否定了。”固然量子物理学之所以否定因果律在科学上的应用，是事实的而不是原则的；从原则上而言：因果律既不是一种合乎逻辑意义的命题，既无最后的证实可能性，自然我们对它，亦无法加以绝对的肯定或否定。同时我们对于因果律原则在理论上生活上的信仰，亦无须因之而根本动摇，因为谁也无法否认：在科学之再进展中，因果律之为自然的基本形式之为科学理论的基础，又将恢复它的理论上与实际上的应用性，又将恢复它过去对于学术文化的价值与光荣了。

（六）因果律与“或然律”

由于现代科学的进展，不只因果律原则有应用上的限制，就是它之为规律的形式也有补充的必要。因果律原则不是指示我们从 A 事件直接的预说 B 事件么？但是这样的自然律的标准，事实上既不能指示我们如何的构成有效的预说，亦不能视为所有自然律的形式构造的根据。因为我们在现代物理学中不难见到一种科学的事实；这种事实的规律的形式与因果律是完全不同的；就是譬如说 A 与 B 的因果关系绝对不能为个别的说明，仅能在多次的观察中平均的确定；换句话说，我们对于 A 与 B 的关系所能知道的，仅是在多次观察之下 A 平均的约100次之内90%有 B 为其结果，可是在其余的10%的分配，就根本无法知其原因。我们对于这样的法则所支配的世界可以说：在100次平均的90%之内所产生的事件是一种规律的事件，至于其余10%之内所发生的从整个观察的总额而言，则完全出于偶然的了。例如在波尔兹曼的熵和几率理论中分子的集体活动是能精确计量的，可是它们的个别的活动与其当时的状态则绝对无法推论，是完全出于偶然的，此外如量子力学中薛定谔的波动的量值所能确定的，仅能平均每秒钟1000量子的次数在一定的点上发现，不过这1000量子的单独活动是毫无纪律的，无法根据某个法则而解释的。这个由规律的与偶然的两部分所组成的自然律，即所谓统计律（die Statistik），同时我们为适应因果律之为“律的存在”的原则称因果律为一“完全的因果律”，至于统计律则称为“不完全的因果律”（das unvollkommene Kausalgesetz）。

但是我们这样对于物理的统计律的解释，以自然哲学家闻名的赖辛巴赫恰持相反的意见。根据赖辛巴赫的“统计律与或然律的同一观”，统计律不是由规律的与偶然的两部分所组成的自然律，而是一种应用数学的或然理论所组成的或然律。这个应用数学的或然理论所组成的统计律在原则上是如此的：譬如许多事件如 ABCD 的产生根据多次的观察的结论，它们并没有具有统计律的规律的部分，例如 A 在相当的观察次数中，平均的50%继之以 B，40%则继之以 C，其余的10%则继之以 D；它们完全互不相关的，无任何法则可资凭借的。我们对于这些 ABCD 的偶然事件的规律的组成，唯一的方法则仅能应用数学的交换法（die Permutation）先组成系列（die

Serie），而后再以平均的方式区别在其整个的数额之内的相等数次（die Gleichhäufigkeit），同时还须假定它的"或然的分配法则"（die Regel der Wahrscheinlichkeitsverteilung），固然这里我们所谓整个的数额较之所拟定观察的总数为小的。赖辛巴赫不仅认为统计律是根据"或然的分配法则"所组成的规律，而且还主张"或然的分配法则"为自然研究应有的前提，只有应用它以及因果律原则方能树立一切物理科学的理论基础。赖辛巴赫对于科学理论的意见所涉及的问题，有 1."或然逻辑"，2.科学知识的基础，3.或然的理论，范围太广，只有留待以后专文讨论。现在我们亟须证明的，仅是统计律归返到数学上的或然律之一点，无论在逻辑上与事实上都不可能的。

从逻辑方面而言：所谓"应用问题"（das Anwendungs problem）在实际上的困难点，就是自然事件的或然性不能根据相对频数（die relative Häufigkeit）而定义。数学的或然性之所以能从相对频数中而确定，在原则上完全归功于一切平均的相等次数的所能事件之产生能从逻辑上假定，以外对于所谓"无限的界限"，在数学的事件结论上的应用，而不因之失去它的意义。但是在实际上我们对于任何事件的判断，是以存在的有限事件为对象，是以存在的有限的关系为标准，既无法从未来的可能事件的产生中而抵消存在的事实的真伪，也无法在某种事件的关系之外而有所主张。所以实际的经验的判断完全是它们的证实方法的结论，只有从这个证实方法的结论的“是”“否”中才能确定所判断的事实的意义，此外则无其他的假定和其他的方法。从事实方面而言：假如ABCD这些事件从多次的观察中，既不能了解它们个别的因果关系，亦不能以相当的百分数而确定它们的联系，更不能知道它们之所以如此的原因，那么我们对于这些事件则仅能说，它们完全是一种出于偶然的事件，一种不为任何自然法则所支配的事件。我们如将这些事件用数学的“或然的分配法则”组成所谓“或然律”，可是这个或然律在事实上则丝毫不发任何的作用，我们应用它既不能为有效的预说，也不能对于自然研究有何补益。就从这个可由经验证明的事实而言，我们亦不难见到在科学中仅有二种不同的自然律的形式，就是所谓“完全的”与“不完全的因果律”：前者是用以叙述自然事件的个别的因果关系；后者则用以表达自然事件的集体的因果作用，此外则无所谓“律”，更无所谓“或然律”了。

（七）因果律的时间关系

“预说的言中”之为因果律的标准，从它的时间性而言，并未具有一种特殊的性质如所谓“过去决定未来”或“未来决定过去”的因果观念，假如一种存在的张本能从某种基本公式而预说，则所言中的预说是由未来或过去而证实，都是属于因果律事实的。

可是根据赖辛巴赫对于因果的时间性的意见，则认为因果律的时间关系，是单方面的（einsinnig），不对称的（asymmetrisch），我们对于过去虽能为客观的确定，但对于未来则无法为实际的预说。赖辛巴赫的时间观念是以“现在”（das Jetzt）的定义为出发点。他以为有了“现在”的定义，则能了解正的时间方向，甚至于因果的时间构造如“从过去到未来”或“从未来到过去”亦能因之而得到逻辑的说法。所谓“现在”的定义在赖辛巴赫心目中是一种从过去到未来的过渡（die übergang von Vergangenheit zur Zukunft），同时这种时间的过渡与其他时间的关系，还能从概念上区别的。赖辛巴赫的时间理论的弱点，就在于他所谓“现在”的定义，而且这个弱点无疑的已给柏格曼说明了。柏格曼认为“现在”从原则上而言，仅是一种属于“心理范畴”的现象，决不能视为一种客观的物理的概念，因为在许多“现在”中，如“我的现在”、“你的现在”、“他的现在”等，物理学是绝对无法构成一种非主观的离开“我”、“你”、“他”的“现在”的。

物理学上的时间概念，即所谓过去与未来，这就是物理学中所谓“正”、“负”的时间方向，同时在客观上所能区别的也就是它。可是在这个客观的区别中并不能构成一种科学的“现在”，至于从“现在”观点而区别过去与未来则更无事实的根据了。

还有赖辛巴赫认为因果的时间概念之所以单方面的不对称的[①]，从过去与未来以及“部分原因”与“部分结果”的关系中即不难证明：就是过去能从部分结果而推论，可是未来则无法从部分原因而预说。其实过去能从部分结果而推论，但未来则不能从部分原因而预说者，乃是因为赖辛巴赫所指的部分结果即是整个的结果，至于他所谓部分原因却确为部分原因，故不能发生整个原因的作用了[②]。关于因果的时间关系并未具有特殊性这一点，石里克与爱丁顿也曾有如下的说明。石里克说：“科学的时间方向如从过去到未来或相反的，事实上均有区别的可能，不过自然事件的发生从其时间性而言，仅能有过去的但无未来的决定性，则是任何的自然所不能主张。”爱丁顿说：“一种正的时间方向的确能客观的确定，但是因之我们如认为从过去到未来有所认识，则未免缺乏事实的理由了。”[③]

---

① 赖辛巴赫《世界的因果律关系》，1925。

② 柏格曼《物理学中围绕因果性的争论》，1929。

③ 石里克《现代物理学中的因果律》，见《自然科学》，1931。

（八）因果律与自由意志问题

由于“因果律失效”而给了所谓自由意志问题以思辨的机会。许多主张自由意志的哲学家认为“因果律失效”，一方面是证明自由意志与科学的事实之无冲突；另一方面则证明所谓“精神的因”（der geistige Faktor）在物理的自然中也有其作用。这是一种从科学上逻辑上所能同意的解释么?

我们不欲对于这个问题以详细的讨论，这里所欲说明的仅是原则上的而已。关于科学的非决定论与自由意志问题并无共同性这点，休谟早给了它以颠扑不破的解释。根据休谟的意见，自由意志与非决定论之所以发生的关系，是在于一般的不彻底了解它们的关系；科学上所谓非决定的现象，是指一切偶然的不为任何法则所支配的事件而言，至于自由意志则是一种伦理的概念，其意义则不外乎是人类的自愿的不为外物所强迫的行为而已。此外即以它们的反对性而言，也不难明了它们是两个不相关的概念，就是与非决定论相反的事实则为精确的、一定的规律，但是所谓自由意志相反的对象乃一种强迫的被动的心理感觉或行为罢了。

假如所谓精神的因素在物理自然中确有其作用，那么这种二元的矛盾的实际现象，则殊令人难以解释。我们对于思想生活上所有的信仰，其实仅有在物理世界的决定论之下方有其作用；因为一切自然现象确无决定的可能性，那么我们无论在思想上与生活的一切活动，都等于浪费而根本失其意义了。就从这一点而言，科学的决定论的宇宙观与意志的自由并无冲突，而且它还是人类自由意志的表现的前提；仅有误解决定论与宿命论（der Fatalismus）的关系，才能认为决定论与自由意志是冲突的，才能认为非决定论的世界观是自由意志论的事实根据。还有对于精神的因素与科学的关系可以言者，即为在科学理论上，无论主张决定论与非决定论，都有其意义，可是加之以宿命论的或自由意志的形容词，则不免离开科学的事实太远了吧?

附译：石里克《量子物理学与自然认识》

我们一致同意这点：自然认识就是建立自然律。还有一点我们也是一致的，即所谓自然律就是一种允许我们预说实际的基本公式。世界能如何精博的了解和认识，仅以我们对于它的关系预说的如何为标准。从量子论对于因果律原则的影响而言，现代物理学已将物理事件的预说可能性加以限制，这是无可怀疑的了。量子物理学不是指示我们，未来事件的个别的精确的预说是原则上不可能的？因此就将自然的认识立了一个难越的界限，这个界限同时就是因果律的预说可能性的界限。

人类具有一种特别的个性：一方面每个知识的进步，他都引为最大的愉快，同时他对于知识向纵深发展可能性也是非常祝颂着；可是另一方面假如他明白了人类是不能了解宇宙一切的，就是一种无缺陷的认识也必须放弃的，那么他就会从满足中而感到失望。不过他所能自慰的一点就是他认为这个在认识上的弱点倒给了信仰以活动的力量，给了我们愿望上以可能的满足。在这个意义之下，许多现代的著作家对于现代物理学所指出的弱点，也是非常的赞美的，因为正如他们所说如此许多形而上学的宠爱的理想，如所谓“意志自由”，或者一种“精神的实质”，就有了理论上活动的余地。我们且引玻尔为例，但是也有若干无神秘的形而上学的倾向的科学家也同样地说：量子物理学的方法与结论确能引起许多哲学家所不安的问题，就是所谓主观与客观，心理与物理，有机与无机的区别问题。同时他们还认为对于这些问题从因果概念应用的限制中，可以得到一定的哲学的结论，著名而精到的思想如玻尔所代表的也指示我们：对于物心理学关系的了解以及它的本质的认识是原则上不可能的。因此所谓自然的认识从现代物理学的事实而言，就遇到意外的限制了。

虽然我相信物心理学的问题是不应加入因果问题中讨论，是与量子论中所谓“观察者”与“被观察者”无关系的，不过我还想将玻尔的思想加以说明，尤其是想将他之所谓“不能认识”的意义确定下来，以期对于下列的误解有所说明。我们对于这个问题目的是在解释而不在更正，所以与量子论的创造者如玻尔和海森堡的基本观念，是无有原则上或事实上不符的地方的。

当昔日的哲学家谈到“知识的界限”的时候，总带着一种悲观而失望的语气，因为这个问题对于他简直是一个谜，这个谜虽也有它的解答，可是这个解答不是人类所能发现的。例如康德也主张“物自体”的不可知，不过他认为这个问题是有意义的，仅是它的解答如康德所说具有“智力直觉的本质”的人方能发现罢了。所以康德主义派在原则上最引为遗憾的，就是人类的知识能力之为真理的根据是不充分的。同时这样的不满足的情绪在其他的思想家中也能找到。

但是量子论认为“自然的不能认识”则完全是另外的一种，它所指示我们的因果律原则之不能无限制的应用不是康德的“人类知识能力的界限”，而是一种客观的自然的性质。假如量子论否认在一定领域之内的事实的预说可能性，则它并不是认为在这样状态之下完全的认识是根本无希望的，相反的它倒是反对这样的主张。以前已经有人见到在现代物理学中的或然性的观念与在熵和几率理论中所应用的，是根本不同的。熵和几率理论中的自然叙述只能引用统计的“中间值”，因为我们对于基本事件的个别的研究是不可能的，所以我们必须放弃电子内精细微小事件的认识，可并不因之而怀疑它的存在。但在量子论中则不能将或然的观察视为那样的放弃的结果，只能将它当作一种适当的叙述方法，而且这个叙述之外，并无永远隐藏着的基本事件的独立的规律性。简而言之，量子论是要求一个完全自然认识的；凡是用任何一种语言所说出来的任何自然事件，它都能照样的说出，并且是很简单的。假如我们说，根据量子物理学的理论，自然的认识有一定的限制，那么它决不是说，在自然的那方面还有某种事件存在，这种事件是永远隐藏着的。量子物理学所指出的认识的限制，不是一种认识与不能认识的自然律，而是一种认识的界限，同时就是自然律的事实界限。

从哲学观点而言，相对论已经被人误解到这样一种地步，好似因为它而将主观的作用引到自然叙述里去，好似自然律的成立与观察的主观有相互的关系。其实这个理论的所有命题完全能用记录的仪器加以证实，它是有绝对的客观性的。这种对于相对论的误解现在又发现于量子论的“测不准关系”中了。量子论也是对于自然有所叙述。它更不是人类认识能力的主观的界限，同时这样的界限只有对于“马克斯维尔的神云”才不存在的。关于量子论的自然叙述的客观性之一点，我们从“测不准理论”的事实中就不难证明，因为这“测不准理论”的观察结论仅能用照片的记录而确定，所以主观的个人观察这句话在这里便失了它的生理的意义。我们为了证明古典物理学的概念之需要，所以不应忘记的，就是一切观察的记录最后仍离不了生活中的时间空间的叙述。量子物理学的概念从古典的概念观之，仅有在理论与经验的比较中方有它的影响，至于古典的概念之为感觉的定义的叙述并不因之失去效用性，因为一切感觉的定义之叙述只能在日常生活中时间空间内发生的。

为了一定的经验的张本（就是试验的条件）与其他的经验的张本（就是试验的结论）的联系，量子论的概念是事实上所必须的。不过这样的经验事实不是在一定方式之下可以确定，从试验的结论上即不难推演出来。我们所谓精确的因果律的失效，就是对于这一点的一种说法、一种表达。所以“测不准理论”的试验结论，是给予计划的量度价值以客观的范围，它与所谓主观的“无知”是毫不相干的。

许多对于“测不准理论”的一般的解释都被人误解为主观

的意义，假如他听到电子的位置与速度之不能同时确定，那么他即以为电子确实在一转瞬间有它的一定的位置与速度，只是我们对之无法精确认识而已。所谓一个质点之位置的精确认识，无疑的必须以一种短波的光线为之拍照，可是因此就妨碍了对质点的冲动的认识，因为这里所应用的拍照的速度与波的长度是成反比例的。反之，假如我们用一种长波的光线，那么对于电子的冲动无如何的影响。同时还能将其精细的观察，不过因之我们必须放弃位置的精确认识。所以在物理学中，不仅是在物理学中，产生了一个理论的前提：就是“位置”与“速度”的认识价值是不能同时确定；但这并不是说这样的价值是原则上不能确定的。一般的对于这个事实的说法，认为电子本身本无一定的位置，也无一定的速度，仅是经过计量的动作的，例如利用短波的光线，方才给以一定的位置；或者通俗地说：它是由于试验手续的压迫方产生了所谓一定的状态，但是这样的意见是毫无价值的，因为所谓一定的状态的确定，仅是在照片的底片上的一定位置间发现一条黑线而已；同时这个黑线从物理学的度量理论而言，仅能当作为一种电子已经到达一定的位置的记号解释。固然这个解释可以用其他的方法而表现，但它的意义总不能认为是一定的物理状态对于以后的观察仅有相对的存在，或者说它仅能由以后的观察而确定，至于以前的一切则只能任其自然了。

当形容词“测不准”应用到客观关系的时候，像在量子论中的情形那样，能够用那种通俗的意义而解释么？有些哲学家肯定地说，不确定这个形式的词在一种意义之下是能应用的，就是对于一个有意义的问题不用“是”或“否”来答复，而用“或然”的概念来说明。因此一个关于实际的命题就不能“真”或“假”，就无逻辑的排中律冲突了，所以它一定是悖理的而非拒绝不可。固然我们可以将实际的状态当作客观的不确定看，但这仅是说，关于叙述这些状态的命题不是真或假而是无意义；同时在这个关系所见到的语词也就包含了一种意义：就是那样的语词是不足为那种状态作叙述的，因为它在那里已经缺乏其应用的意义了。假如我们认为电子到达某个位置，但是不确定的，这个命题所包含的意义则不外位置的概念不能应用到质点上去，如同一千克重量的概念不能应用到“欢愉”上去那样。简而言之，古典物理学的概念不能应用到自然上去，并不是所谓自然的认识的限制，也不是一种完全的自然叙述的不可能；这一点从“位置”、“速度”的语词应用文法中即不难明白了。

我们已经指出了“测不准理论”在物理学中并不能视为一种看不透的面巾，至于认为在这个面巾的里面还隐藏着许多不可知的事件，更是不可能的了。换句话说，根据“测不准理论”是不能为任何自然认识的限制作假定的；在玻尔的解释中包含了这样的结论，他在若干地方曾经说过：我们对于生命事件的完全认识是不可能的，因为达到那样的认识的精细观察就会被它的过程而破坏，以至于被观察的细胞而彼此致死。因此我们对于活体的研究，就建立了一个不可超越的界限了。

这样的意见自然仅是一种猜度，同时玻尔早已将它视为一种猜度了。至于这样的猜度是否有经验的根据呢？我相信从引用的事实而言是不会有的。我们为了视觉的可能少许的光度并不为少，这就是说，原子事件的量值与机体的反应照旧是存在的，就是一种由多数原子所组成的分子的机体，也不能从活的细胞的精细的观察中而有致死的或然性。无论这样的猜度对与不对，我们只能以它的意义为对象。这个意义即为假如它是完全对的，那么生命事体的认识是否就不可能？我个人的看法认为对于这一点玻尔的意见是必采取的，这就是在生命与无生命的区别问题中，生命与无生命的一般的意义是不能不放弃的了。

假如我们认为生命的事件从应用 γ 的光的显微镜观察手续中是会致死的，那么这个事实的基本意义是怎样呢？所谓质点的运动，我们已经解释过，是为了它的精确位置的确定而失了完全认识的可能性，不过这样的解释从“测不准理论”在物理学中的意义而言，是很危险的，而且极易误解，因此好似质点本来就有一定的速度与位置，只是我们不能将它们同时认识而已。我们早已明白这样的说法是由原子物理学所拒用的，但是应用到生物学方面是怎样的呢？仅将物理的知识移植到有机体上是无一点新的见识可言，对于这一点玻尔已经有所指示了。

每个物理学的规律——包括量子论——应用到有机体上，仅能当作生命事件的物理解释的步骤。这个理论的前提是无人可以怀疑的。在这个前提之下，我们方能确定所谓生命事件经过精细观察致死的意义：不过我们必须根本区别生命的与无生命、有机体与无机体的概念；有了这个概念上的区别，我们方能对于那个猜度视为明白的说法，这是很明显的。所谓生机论者，认为有生命的自然与无生命的自然的不同点，就在于后者不是一个机器。假如我们根据一般的语言的应用将机器当作一种无生命的对象，那么这分明就是指古典力学之为自然叙述的方法之不可能，因为古典物理学的概念，从新物理学的立场观之，是无效力的。实际上在无机体的自然中也并非尽是纯粹的机器，所以在有机体与无机体的领域内从机器上加以区别，是毫无事实的根据的，尤其是在量子物理学成立以后更是明显了。所谓生命的问题，并不因量子物理学而失效，只是这问题在实际上的唯一作用，是在于唤起我们在心理学方面的注意：就是量子论指示我们一种产生它的实际情态在心理学中还可以重新见到的。玻尔说："古典概念之为一定物理事件的叙述的失效，量子物理的概念又何独不然，因此有许多生命事件的问题由于应用古典概念而失了其为真正的问题，在量子论所谓电子的位置与速度之不能同时认识的问题，又何尝不是如此呢？"

所指示的假定是可能的，同时这是哲学的一种功绩，它能将许多思想的可能性指示出来，所以我们应当对于玻尔为这个哲学的指示而感谢，因为如此一切武断的褊狭的意见可以加以限制或预防了。从原则上而言，生物学的认识方法与物理的认识方法不是不同的，就是一切机体的叙述也能应用古典概念，而且科学的任务正是想找到一种原则上的说法。这个说法是能帮助我们从机体的观察中而预说它的未来的关系。假如这样的说法是存在的，那么它一定能对经验加以研究，将猜度加以归纳；假如它是不存在的，那么这就是说并无所谓自然律的存在，而不是说自然律是存在的，但它对于我们是永远隐藏着的：所谓生命事件的"不能认识"是根本不成其为话的。

本文所讨论的整个问题是对于维也纳学派所代表"彻底经验论"的一个很好的例子。根据这个学派的理论原则，在世界上就无所谓原则上不能认识的事件。许多的问题是因实际的或技术的理由而无法答复；但是一个原则上不能解决的问题，则完全不是一个真正的问题，它只能是一个错误提出的问题而已。所谓认识的界限，只能在一种情况之下发生，就是它所向的地方，那里是一无所有、一无可识的。量子物理学所确定的因果认识的界限以及教我们放弃它的原因，则只能视为这样精确的规律性在物理学中之不能成立；但根本就不包含在经验的规律性以外还有一种永远隐藏着的自然律的意义；因为这样的假定或说法从量子论的事实而言，是毫无事实和理论的根据的。

够了！我们所见到在知识上的许多实际界限，是不能当作知识的原则上的界限的。

六　或然性的逻辑分析

（一）前言

自从或然性（die Wahrscheinlichkeit）成了科学中的一个基本概念以后（譬如在量子论及量子力学中），它在哲学上的重要性，实不亚于因果问题、归纳原则以及其他关于科学理论的基本问题。可惜因为我们对于这个问题的研究所需要的不是“理想的形而上学感情”或“神秘的直觉作用”，而是严整的逻辑分析和真确的科学依据，于是乎就被一般哲学家有意无意的忽略过去了。本文之目的，是在叙述关于“或然性问题”的一个重要的理论，这个重要的或然理论，就是由波尔采诺、克劳思所发现以及经过石里克、维特根斯坦、魏斯曼才完成的Spielraumtheorie。其目的所在，希望读者因之对于或然性在理论上的逻辑根据和在应用上的实际意义，还有因“或然性问题”所引起的“或然逻辑”问题，能得到一个正确而明白的基本观念而已。

（二）规律与偶然

或然性一词在科学中应用，本起源对于科学的偶然事件以及统计律的基本法则的叙述或解释（譬如在波尔兹曼的熵和几率理论中）。因此我们对于这个科学的基本概念期有所认识，则什么是科学中之所谓规律与偶然，似乎非有所确定，有所说明不可。科学中之所谓规律的事件，事实上是如此的：就是我们在许多事件中有时不难见到P和Q的事件，在这P和Q的事件中间，假如P已经存在，则与其相关的Q亦将随之而产生，而且它们这样的关系，是势所必然，毫无例外的[①]。这样P和Q的关系，我们称P为Q的原因，Q则为P的结果，或者称其为一种科学的“规律性”（Die Wissensch Gesetzmässigkeit）。不过我们在许多事件中亦不难见到的，就是P虽然已经存在，可是与其相关的Q则永不见其产生。在这里P与Q可就失了

① 譬如水到了一定的热度和压力即会沸腾，而且难有例外，这是一个具有因果关系的事实。

它们的因果关系了，就是它们中间的“规律性”似乎也成了问题了。

然而事实上这里 P 和 Q 虽然已失其因果关系，可并不因之而失了它们的“规律性”。虽然 P 与 Q 就在它们个体关系中失了它们的“规律性”，可是这并不包含它们在某一集体关系中也无“规律性”了。换句话说，P 纵然不是每次为 Q 的原因，Q 亦不是每次为 P 的结果，可是在 P 与 Q 的关系的多次观察中，平均的95% P 仍为 Q 的原因，Q 仍为 P 的结果的[①]。这两个以个体或集体关系为对象的“规律性”，即科学上所谓因果律和统计律。无论因果律或统计律都是科学中一种法则，都是一种具有不同形式的规律。在这个不同形式的规律中，我们对于因果律可以说是“假如 P 则 Q”（Wenn P dann Q），但对于统计律则只能说“P 平均的在与 Q 的 X 百分率上才为 Q 之原因，Q 亦同样平均在与 P 的 X 百分率上才为 P 之结果”[②]。

我们在统计律的构成中所不难见到的：假如 P 与 Q 的律

---

① 譬如在波尔兹曼的熵和几率理论中分子的集体活动在某个百分数上是符合规律的条件，但其中它们的个别活动，则完全出于偶然的。所以人称熵和几率理论为应用统计律之最具体者。

② 这个因果律和统计律的基本形式的说法，出自石里克和赖辛巴赫，见石里克所著：《或然性与规律》巴黎，1936；赖辛巴赫所著：《世界的因果性与过去和现在的区别》，1925。

的关系只能从多次观察中而且只能平均的在95%这一点上才能证明，那么其余的5%我们视之为规律的或纯粹出于偶然的呢？根据所有具有规律性之事实而言：凡是合乎律的事件，在原则上就能以因果律或统计律叙述或说明，决未有由此或彼不能叙述或说明而能成为律者。但是这个5%与 P 和 Q 的关系，事实上的确不是如此：我们固然不能视其为一种合乎因果律的事件，可也不能用统计律的法则为之说明。它不仅对于 P 与 Q 无“假如 P 则 Q”的关系，而且在与 P 和 Q 平均的在任何百分率上亦毫无一定的关系之可言。如是我们对于这个5%所能说的：它对于因果律或统计律的“规律性”均无一备，它是不为任何律则所支配的，是纯粹出于偶然的了。

（三）偶然的定义

我们既称一种不为任何规律所支配的事件为偶然的事件，那么什么是这里所谓偶然的意义呢？我们对于这个问题的答复，事实上有所谓“先天的”和“后天的”两种可能性。根据前一种的思想原则：所谓偶然简直如同转球游戏（das Roulettsspiel）中的球与将到达的红黑两面的关系。这个球盘的红黑两面是平均而无可区别的，如是球之所至无论对于红面或黑面，都是纯粹出于偶然而无所谓规律可言的了。但是根据后一种的看法则认为我们对于球之到达红黑两面的偶然性，并不能从所谓“相等或然性”（die Gleichwahrscheinlichkeit）中所能确定，我们必须从多次观察中对于球之到达红黑面的分配次数所得的试验结果（die Spielresultate）为之标准。譬如我们假定一个连续的试验结果为黑——红——红——黑（这里 n = 4），同时我们还假定那个抽出来黑——红——红——黑的群在整个试验结果共有若干次的发现。我们且称这个发现次数为 a，至于我们所抽出来那群的总数为 A 。假如$\frac{a}{A}$平均的是与$\frac{1}{2^n}$相接近，那么 a 的分配次数从 A 的总数而言，无疑的是纯粹出于偶然的了。

但是假如我们将n＝1，同时我们且向红的发现平均的在 A 若干次之下，而后能称它是出于偶然的呢？关于这一点，从偶然定义的原则观之，则为红之发现次数恰合乎所抽出来的那群总数之一半。不过假如红之发现在事实上之次数较之黑的为多，而且是所谓“特殊的”，那么它就脱离了偶然的范围，而入了所谓统计律的境界了。换句话说吧：譬如在这里的 P（转球机关的转动）与 Q（球在黑面上）和 r（球在红面上）的关系中，P 与 r 的关系是“特殊的”，但与 Q 的关系则不然。因为我们对于 r 能从 P 而预说而推论，可是对于 Q 就根据 P 亦无此可能性，这显然是表明 P 与 r 是合乎规律的条件的，表示 P 与 Q 的关系则纯粹出于偶然的。但是假如我们将$\frac{1}{2^n}$的 n＝2，则因之所有的“规律性”在这里就失去了它的意义。譬如我们说假定在某一个试验结果中抽出来的一个群为红——红——红——黑——黑——红——黑——黑，同时我们重复的为同样的试验，但其结果总是相同的，大约在每个群中为$\frac{1}{4}$的分配。我们假如再将连续三次的一群抽出来，那么这个抽出来的群的$\frac{1}{8}$联系为红——红——红，其余的$\frac{1}{8}$则为红——红——黑。假如我们再继续下去，我们亦将得到相似的结果。

从所举的例子看到，这里的偶然定义，好似欠自然而过于人为的了。但是事实上我们已能因之而明了，从许多试验结果所得到的一切群的排列可能性（die Möglichkeit der Anordnung）中，已经证明决无某一群是“特殊的”：r 之于 P 之关系，同样的如同 Q 之于 P，反之，P 之于 r 亦同 P 之于 Q。假如我们对于 r 或 Q 之于 P 非给“规律性”不可，那么我们只能应用数学中的“或然算法”（die Wahrscheinlichkeitsrechnung）中的基本法则，如所谓“或然法则”（die Wahrscheinlichkeitsregel），此外则无其他的可能性了。现在我们应当明白了吧？科学上之所谓偶然或偶然的事件，事实上根本不是别的，就是一种我们既不能用因果律也不能用统计律所能解释的事件，就是一种唯用“或然法则”或“或然律”所能表达的事件。严格说，无论为“或然法则”或“或然律”，在科学中都失去其为“法则”，为“律”之意义，因为一种偶然事件之所以为偶然事件，是因其不为任何“法则”或“律”所支配，假如它亦有它的“法则”它的“律”，则就不成其为偶然了。我们总不能称这个“或然法则”和“或然律”为“偶然的法则”（die Regel des Zufalls）和“偶然的律”（das Gesetz des Zufalls）吧？

（四）“或然律”与“统计律”

“或然算法”在科学中之意义，事实上仅能为偶然定义的理论基础，就是所谓为“或然法则”所支配的事件，也不外乎是偶然事件一种特殊的名称。不过自然哲学家赖辛巴赫认为“或然算法”在科学中之应用，简直如同几何学在实际上的应用。我们应用几何学能对于空间关系有所叙述，那么同样的应用“或然算法”对于自然律则亦能有所表达。此外赖辛巴赫还郑重地告诉我们：由这个“或然算法”所表达的自然律则，就是我们所谓统计律，因此统计律有时亦被称为“或然律”了。

这个在自然哲学中被称为“应用问题”之为科学问题的基本困难点，我们从“或然算法”和几何学在实际应用之比较中，本就不难发见，但是或然理论家如赖辛巴赫等开始就将这一点忽略过去了。赖辛巴赫等所忽略之处，就是“或然算法”与几何学在实际应用上的根本不同点。从几何学的应用方面而言，我们无论应用欧几里得的直线或非欧氏的曲线，都是对于空间关系有所叙述，都能因之对于实际空间得到具体的意义。至多在这里成为问题的，即为由某种几何学所叙述的空间关系，是否有了实际的意义，是否合乎科学的标准。不过这是一个易于确定的经验问题。但是从“或然算法”的实际应用而言则不然。“或然算法”中之“或然法则”或“规律”之成立，是在于它们能以所谓“大数”（der grossen Zahlen）为对象，所以人称“或然法则”为“大数的法则”（die regel der grossen Zahlen），称或然律为“大数的规律”（das Gesetz der grossen Zahlen）。所谓“大数”者，简言之，就是假定一个想象的数以抵消存在的总数，同时这个想象的数是超过一切总数而生长的。因此我们假如应用“或然法则”以叙述合乎规律的或偶然的事件，则必须如何满足它“大数”的条件。假如我们对之不能有所满足，则这个“或然法则”即失了它的对象，同时我们也绝对不能借之以表达自然的事件，借之以区别合乎规律的或偶然的自然事件了。但是我们将如何以构成事实上的“大数”事件呢？譬如我们用转球戏来说：在100000之中，红的发现的次数为40000次，是“大数”呢？或者在10000之中，红的发现的数为9000次，为“大数”呢？或者其他的任何一数为“大数”呢？这是永远难于精确答复的问题。石里克对于这一点说得好：“或然算法”中之所谓“大”一词实具有特殊的意义，是相对而言的，其绝对的意义仅包含在所谓“大数的规律”之中。但是在实际上我们总不能先假定一理想的“大数的规律”，而后再用以解释实际事件之产生过程吧？这个带先天论甚至于唯心论的理论原则，早就成了过去而无讨论的价值了。[①]

总而言之，赖辛巴赫等或然理论家欲以“或然算法”为统计律的理论基础，欲从所谓“相对频数”中以定义“或然法则”原则上困难之点，就是我们对于实际有所判断，或无所判断，既不能将判断的事实加以保留，也不能从假定未来的事实以抵消存在的事实。假如我们对于 ABCD 等事件从其多次的观察结果而言，A 平均的大约50%继之以 B，40%继之以 C，其余的10%则继之以 D，我们对于这些事件仅知其为然，可无

① 见石里克所著：《或然性哲学》维也纳，1936。

法从某种关系或规律以解释其所以然，那么，我们只能将这些事件视为一群不为任何规律所支配的事件，一群纯粹出于偶然的事件。假如我们对于 ABCD 的联系强给以规律的解释，那么我们只有应用所谓“或然法则”以构成之。我们就是首先将对 ABCD 等事件的观察结果用数学交换法（die Permutation）组成系列，而后再用平均的方法以确定其在总数内的“相等频数”（die Gleichhäufigkeit），同时在所确定之总数较将观察的总数为小之前提下，我们还能建立关于 ABCD 的“或然的分配法则”（die Wahrscheinlichkeitsverteilung）。虽然对于 ABCD 等事件的“或然律”因之已形成了，但是事实上这样的实际法则，丝毫无实际的应用性和意义。因为我们应用这样的“或然律”既不能对于 ABCD 的未来有所预说，亦不能由之而对于其他自然事件有所推论。换句话说：我们应用因果律能对个体的相关事实有所把握，应用统计律能于集体的相关事件有所预言。可是我们应用所谓“或然律”则一无所能、一无所知，我们因此而能知者：仅知其虽非因果律，但亦非统计律，根本不成其为规律而已。（请参阅本书第五章“量子物理学与因果问题”一文中“因果律与或然律”一节，其中对于或然律根本不成其为规律之一点，曾有说明。）

（五）Die Spielraumtheorie 的基本思想

这个“应用问题”之为科学问题是一个如维也纳学派所谓“似是而非的问题”，是无可怀疑的了。但这并不是证明或然性问题之为理论的根本不可能，相反的由其所能证明的只是或然性之成为问题仅为理论上的，具体点说则为逻辑上的问题而已。本文所介绍由波尔采诺、克劳思所发现以及经过石里克、维特根斯坦、魏斯曼才完成的Spielraumtheorie，就是关于或然理论一种重要的理论。根据这个Spielraumtheorie的理论原则，无论为日常生活中或科学的命题，对于事实的叙述均不能有绝对的精确性，因此无论对于某个命题，譬如说 p，都有许多不同的附带状态，譬如说 q，r，s，t，u，v。因其如此，所以我们根据它任何的一种附带状态，譬如说 s 或 t，都能使 p 命题成为真的命题。假如我们将 q，r，s，t，u，v 都构成命题，那么 p 命题与 q，r，s，t，u，v 许多命题的关系中间，就包含了波尔采诺名之为Spielraum的对象了。波尔采诺在他的名著《科学论》（*die Wissenschaftslehre*）中所以说：“对于某一个命题我们单独的言其或然性，是不可能的；假如我们对于某个命题的或然性有所假定，只有在这个命题与其他命题的关系之比较中，方有其意义。”换句话说：某个命题之所以有其或然性，是因它与其他相关命题中有所谓Spielraum的存在，有其互相比较的可能。但是它们这样的比较并不是命题与事实的比较，而是命题与“事实的形式”（die Form der Tatsache）的比较：因为我们对于命题与事实的比较中所能得到的，是这个命题的真性或伪性，只有从命题与其他命题或者如维特根斯坦所谓“事实的形式”的比较中，才能得到某个命题的或然性[1]。

波尔采诺的或然理论原则至维特根斯坦、石里克而日益完备，同时其在理论的基础，亦因之而愈加稳固。维特根斯坦称那 P 命题为一种“基本命题”（die Elementarsätze），称其他 q，r，s，t，u，v 命题为 p 命题的“真值理由”（die Wahrheitsgrunde）。所谓“基本命题”者，维特根斯坦认为就是一种“真值函项”，“真值函项”在原则上具有种种形式上秩序上的可能性，于是乎这个“基本命题”从与 q，r，s，t，u，v 任何一命题的联系中，即能产生种种不同的“真值可能性”，这个从 p 命题与其他 q，r，s，t，u，v 任何命题中所产生的“真值可能性”，维特根斯坦认为这就是关于或然性理论的唯一根据。从这样许多命题的关系中产生的

① 参照维特根斯坦《逻辑哲学论》112页。

或然性最基本而最简明的，就是如维特根斯坦所谓“假如Wr为r命题的许多‘真值理由’，Wrs为s命题的‘真值理由’同时亦是r命题的‘真值理由’，那么r命题所给s命题的‘或然量度’（das Mass der Wahrscheinlichkeit）或者如波尔采诺所谓Spielraum，则为$\frac{Wrs}{Wr}$”。譬如我们用掷骰子为例吧！我们视“从1而掷到6”一命题为r命题，又视“掷了一个6”为s命题，那么r命题在这里的“真值理由”有六种，就是从1而到6，至于s命题的“真值理由”只一种，就是6。不过这里的r命题的六种理由同时亦可成了s命题的理由，如是从$\frac{Wrs}{Wr}$的理论原则而言，则r命题所给s命题的或然性恰为$\frac{1}{6}$了[①]。

固然我们对于波尔采诺、维特根斯坦的或然理论原则还能用更具体的事实为之说明。譬如我们视“程先生在民强巷五号”一命题为p，同时又加以“程先生在民强巷五号楼上”一命题为q，以外又以“程先生在民强巷五号楼下”一命题为r，“程先生在民强巷五号院内”一命题为s，“程先生在民强巷五号厕所里”一命题为t。显然的无论这里的q，r，s，t的任何命题是真的，则p命题必然是真的：因为无论程先生在民强巷五号楼上楼下院内厕所里，都包含了“程先生在民强巷五

① 参照维特根斯坦《逻辑哲学论》110页。

号内”（民强巷五号厕所是在院子内）。不过反过来说，就是我们知道 P 命题为真的，那么我们知道 q，r，s，t 某一个命题为真的以前，我们仍不知从 q 到 t 的那个命题是真的。换句话说：即使我们知道程先生在民强巷五号内，但我们不知道他在民强巷五号哪一部分，楼上或楼下，院子内或厕所里，我们自然不能说那些代表他在某一部分的命题如 q，r，s，t 哪个是真的了。不过我们虽然不能知道 p 之因何种 q，r，s，t“真值理由”为真的，但总知道 q，r，s，t 任何命题都有使 p 成真的可能性，都能成 p 命题的“真值理由”。从知道 p 命题之因 q 或 r 而成真的，则我们就知道 p 命题的真性，从 p 命题而不知其将因 q，r，s，t 而真的，则我们就因之知道 p 命题的或然性。换句话说：假如我们知道“程先生是在楼上”，这就是说 p 命题之因 q 而成真的了，这里就可以说“程先生在民强巷五号楼上”，而不容再说“程先生在民强巷五号内”了，不过我们还不知程先生在楼上或楼下、院内或厕所里，但已经知道“程先生已经在民强巷五号内”，那么我们可以假定“程先生在民强巷五号内”一命题的或然性，就是程先生可能的在民强巷五号楼上或楼下、院子内或厕所里，这些都能够为 p 命题的“真值理由”，都能够使 p 命题成为真的。假如我们再加上两个命题为“程先生最后一刻钟曾到过厕所里”为 u，同时“厕所是民强巷五号院子内”为 V，那么从 p，u，v 的三个命题中给s命题——“程先生在民强巷五号院子内”——以较 q，r，t 等命题更多的或然性。假如从 p 与 s 单独的或然关系而言，那么 p 所给 s 的或然性，如所给其他的命题 q，r，t 一样的多了。

所以维特根斯坦在他的《逻辑哲学论》中对于或然性的哲学意义曾说过：“所谓或然命题是无特殊的对象的。”一个命题或者真或者伪，可无所谓“或然”，“只有我们缺乏对于某事之一定性时，我们才应用或然性一词。我们对于事实虽不能完全认识，但是对于事实的形式多少总有点把握的”。一切或然命题的总一性，仅在于从我们以前还未确知的许多状态中给某一事的产生以某种的或然程度，这是或然性的普遍作用①。固然从哲学的或者说逻辑的观点而言，波尔采诺、维特根斯坦的或然性的思想原则在理论上，不是无基本的困难点，这个基本的困难点就在于所谓“同等的或然性问题”（die Frage der Gleichwahrscheinlichkeit）。虽然波尔采诺对于这个问题将构成“或然计式”（die Wahrscheinlichkeitskalküle）的无穷群，从“有限而能分配的”群中求理论上的解释，维特根斯坦则将“同等或然性”的概念归反到所谓“基本命题”，并由之以

① 参照维特根斯坦《逻辑哲学论》110，111，112等页。

确定其在逻辑上的根据。但是实际上无论为波尔采诺或维特根斯坦都还未如愿以偿，不特波尔采诺、维特根斯坦对于这个问题一无办法，就是数理逻辑在目前之发展结果，也还是无可如何，也还是有待专家之努力的。

（六）Die Spielraumtheorie 与其他的或然理论

从我们对于Spielraumtheorie的了解中即不难见到或然命题是绝对客观的，与所谓主观的“期待情态”（die Erwartungszussande）是毫无关系的。或然命题是两个命题或更多的命题从它们的真性上而对于它们的相互关系有所预说。这样的预说自然与我们对于这些命题之有无信心，毫不相关。所谓“主观”的或然理论的基本错误点，即在于我们对于某个命题的或然性，往往视为一种我们对之素具信心而与其相关的命题的或然性，如是我们对于这个命题的信心的增减或消失，就认为某个命题的或然性也因之变动了。其实某个命题的或然性从其本质而言，是在于其相关的许多命题在关系上的比较，与我们对于其中某个命题之有无信心无关，至于以此为其他命题的或然性之标准，自然更不可能了。

此外所谓“或然性”并不是对于命题间的真理关系有所

预说，而是本身就为一种新的“真值概念”，它是介乎真性和伪性之间的，从Spielraumtheorie理论观点而言，也是不可能的。因为每个命题都是对于事实有所叙述，这个所叙述的事实存在，则这个命题是真的，否则即为伪的，至于或然，则仅能根据某个命题而对于其他命题的真性有所预说而已。假如真性和伪性是如赖辛巴赫所谓或然性的“上限和下限”（die obere und untere Grenze），那么同一命题同时必须对于它的真性和或然性有所主张。譬如我们说“有人在旁屋内掷了一个6的骰子”，同时这件事确是真的，那么“那里有人掷了一个6的骰子”这个命题的或然性，自然为$\frac{1}{6}$，至于我们能假定这个命题的或然性的$\frac{1}{6}$，自然也是以在“旁屋内有人在掷骰子的事情”为根据。假如我们说“或然性值”（die Wahrscheinlichkeitswert）1等于真性，“或然性值”0则等于伪性，则就大错而特错了。因为假如我们说：从 q 命题而言，p 题的“或然性值”为1，那么这仅是说：“q 命题是真的，假如 p 命题是真”，但并不是说“q 是真的”。显然的这是两回绝不相关的事。假如这里确实是言“q 是真的”，那么必须也有人说“p 是真的”，但是在这里并无人假定这一点！

由此我们更不难想到：所谓“或然算法”之为一种普遍的逻辑基础如所谓“或然逻辑家”所主张，是必须否定的。

我们对于或然性的一切问题均能用一般的逻辑概念为之解释，而且在理论上或应用上均无感到困难之处，所以我们于真性伪性之外更将或然性视为一种新的逻辑的基本概念，则是多余的了。固然我们不能禁止任何人应用所谓“多值的计式”（Mehrwertige Kalküle），并由之以相当的值从形态的类似（formale Analogen）中给以“真”、“伪”、“或然”，甚至于“可能”的名称。但是因此即将这样的计式视为一种“新的逻辑”，则是绝对错误的。

（七）结论

现在将本文的主要点归纳到几点，并由之作一个结论。关于第一点：科学中只有规律与偶然，但无所谓或然，虽然在科学有时亦有应用或然性概念“或然法则”甚至于“或然律”，但这不过表示科学上用之以形容偶然的事件与叙述偶然的事件而已。关于第二点：所谓或然性命题从其本质而言，它并不是一种对于或然性命题的命题，而是一种对于命题间的或然性的命题：一个命题只能真或伪，但根本无法或然的。关于第三点：一个命题因其只能真或伪，但不能或然，如是我们就不能以真性和伪性为“或然性的上下限”，也不能以“大的或然”和“小的或然”（die grosse Wahrscheinlichkeit und kleine Wahrscheinlichkeit）以代替真性和伪性的概念，更不能由此而建立所谓“或然逻辑”或“三值逻辑”了。无疑的本文所叙述各点，是非常基本的简略的，因此就不免忽略了其中许许多多的重要的专门问题。不过本文之目的是在于基本的叙述，而不在对于这个问题的专门研究。至于对这个问题的专门研究一点，作者浅学，只有望于专家了。

抗战期间洪谦先生一家人在昆明民强巷五号寓所前

七　形而上学问题的哲学分析

（一）“认识”与“理会”

康德在哲学上的大贡献，就是将形而上学摒诸知识外。的确，形而上学在原则上就不是一种知识的体系，因为它对于事实是既无所传达的，又无所表达的。但是知识之所以为知识，从它的本质而言，它对于事实非有所传达，有所表达不可。我们这里所谓能传达的、能表达的，就是我们能用一种符号表现的，能用一种公式叙述的，或者能用一种语言形容的，无论属于哪一方面的实际知识，都是应用它的符号、公式或它的语言对于事实的一种传达，对于事实的一种表达，所以知识之所以为知识，原则上只能如维也纳学派所言：“一切知识都是对于事实有所传达，每种知识都必须是能传达的，仅有能传达的，方能成为一种知识。”①

什么是原则上不能传达的？假如我见到一块红颜色，我虽知道这是红的颜色，我可不能将这个红的“体验内容”传达出来。一个患色盲的人无论从怎样的对于某种颜色的形容中，亦无法得到某种颜色的意象。谁从未有见过一种乐趣的感觉，则对于他绝对不能从某种知识中而使其发生乐趣的感觉。谁曾经有过一种生活上的体验，可是他对于这个体验早已忘记了，那么即使他根据当时的记载，亦无法得到那个相同的体验。假如有人与我同时见到一块红颜色，或者有人与我患着同样的牙疾，我虽知道他也见到一种颜色，感到一种痛觉，但我并不知道他是否将所见的颜色亦称为红颜色，他所感到的痛觉与我所感到的是否相同。我们对于这些“意识波流的内容”仅能直接的体验，直接的“理会”（kennen），可是我们所体验的所“理会”的内容的意义，仍旧是原则上所不能传达的，所不能表达的。因此维也纳学派认为某种对象是不能传达的，或是能传达的，就是我们对于那个对象是“理会”还是“认识”（erkennen）。凡是属于“理会”的对象是不能传达的、

① 见石里克于1930年在《康德研究》三十一卷发表的“体验、知识、形而上学”一文。

不能表达的，仅有属于“认识”的对象方是能传达的能表达的[①]。

（二）“形式”与“内容”

不仅一切体验的性质和意识的内容是不能传达的，就是体验间意识间的关系也是不能传达的。我们对于“空间距离”和“时间持续”两种体验之区别，我们所感到在臂上和牙里两种痛觉之不同，我们所听到收音机和留声机内两种音调之高低，我们所见到桌子上两种红颜色之深浅，都是不能借任何形式的概念的叙述所能传达的，所能表达的，我们对于它也如一切意识的体验的内容一样，最后还非直接地体验，直接地“理会”不可。所以从维也纳学派观点而言，凡是原则上属于“认识”的对象，既不是一切体验的性质和意义的内容，也不是一切体验间意识间的关系，而是一种纯粹的形式关系，或者如卡尔纳普所谓“构造命题”[②]。

无论在日常生活中或精确科学内，仅有根据某种形式关系

① 见石里克同上一文。

② 见卡尔纳普的《宇宙的逻辑构造》一书。

或“构造命题”，我们才能对于事实有所传达，有所表达。至于我们从体验上“理会”上所得的内容的意义，因为我们既无法借某种形式的概念能有所说明，亦无法联合若干的“个体”能有所“认识”，于是乎它永远是主观的、privatum的，永远是非属于“理会”的对象不可了。

维也纳学派之能主张知识仅有形式关系的知识而非所谓“体验”内容的知识，在理论上是不能不归功于由柏夫所启端至希尔伯特才完成的一种“新”的几何学的发展[①]。根据希尔伯特的“新”几何学的思想原则，所有几何学的基本概念如“点”、“线”等等，不仅不像康德所言的以“纯粹直观”为基础，且为一群根本不能从形式上定义或证明的概念，而在原则上是非常轻而易举，就是我们对于某个几何学概念的定义或证明所应顾到的，某个所定义的几何学概念的“效用性”是否包含在那个概念的公设之内，是否为严整而不可动摇的。我们用希尔伯特的话来说：我们对于某个几何学概念的定义，是以这个概念能否满足它的公设为标准[②]。这就是维也纳学派所谓“从公设中得到的定义”（die Definition durch

① 参阅柏夫的《新几何讲义》。

② 参阅希尔伯特的《几何学基础》，1922年（五版）。

Axioma），“从假定中得到的定义”（die Definition durch Postulat），或者说“蕴涵定义”（die implizite Definition）[①]。

从“蕴涵定义”的理论原则而言，我们对于某个几何学的概念之构成，无须具有直观性的对象为根据，我们只须从某个“构造命题”中将那个概念的形式关系加以确定，加以“认识”。所以一种根据“蕴涵定义”所构成的概念之能否成立，仅在于它能否满足其在公设中的形式关系，可不在于它本身之能否想象、能否直观。譬如我们说在 a 的直线上 C 是 AB 的中间，在这个语句中之所谓“中间”的概念，就是表示在 a 的直线上 C 与 A 与 B 的一种形式关系，就是说出在 a 这个直线上 C 是 A 的左边和 B 的右边或者在 B 的左边和 A 的右边，可不在 AB 的左边 BA 的右边或者 BA 的左边 AB 的右边的那种形式关系。同时我们对于这个“中间”的概念的定义和了解，亦仅能以某种相似的形式关系为根据，亦仅能以这个概念能否满足它的形式关系为标准，至于它是否具有“纯粹直观”的基础，是否具有“纯粹直观”的内容，在这里则是毫无意义可言的。其实所有数学几何学的概念，都是对于某种数学的、几何的形式

① 参阅石里克的《普通认识论》第一部分第七章“蕴涵定义”，1925年（二版）。

关系的一种名称，如同“中间”的概念之为它应有的形式关系的名称一样。所以我们对于一切形式科学的概念在原则上所能要求的，就不是某个概念本身之能否想象、能否直观的问题，仅是它在任何条件之下都能代表某种形式的关系，同时我们也在任何条件之下都能应用它以表达某种形式关系而已①。

这个“蕴涵定义”的思想原则，是数学、几何概念所构成的基本原则，是数学之为纯粹的形式科学的理论基础。我们应用它和它的方法能构成一切纯粹形式而无内容的概念。至于这些纯粹形式的概念之能得到实际的内容和意义，则所谓“配合定义”的应用是它的唯一标准，唯一根据。但是所谓体验的或直观的作用，无论在形式科学或者实际科学里，都是根本不可能的②。因此维也纳学派认为：“一切知识仅在于形式，而不在于内容。”“一切知识不是对于物的体验，而是一种实际关系的传达，一种形式关系的计算。”“知识之所以为知识仅在一定的形式关系之下，才合乎知识概念的逻辑意义，至于一切‘内容的’则只属于主观的范围。因此知识具有一种特殊的

① 参阅石里克的《普通认识论》第一部分第七章“蕴涵定义”，1925年（二版）。

② 参阅石里克同上一书。

（a）第一部分第七章“什么真理”。

（b）第一部分第八章“什么不是知识”。

优越性，就是它的效用性，是不为一切主观所能限制的。”[1]

（三）自然科学与精神科学

科学知识既然仅能对于宇宙的形式关系有所传达，可无法对于许多生活间的体验内容有所表达，如是物理学就引起人对于它的非难；就是它虽然从形式的关系上将宇宙的事物构成一种抽象的理论体系，可是因之却将宇宙的“质”的部分完全忽视过去了。其实物理学之为整个自然的叙述即从理论物理学命题而言，就与所谓精神科学（die Geistwissenschaft）或日常生活中的命题，是事实上毫无可区别的，我们假如认为在它们中间非有可区别之点不可，那么这个可区别之点仅在于在精神科学或日常生活中的命题中，包含了许多带直接体验性的言词，但是这是在精确科学的命题中所根本不可能的。因为一个物理学家总不能如诗人对于“蔚蓝的天空”、“碧绿的草原”有所表现吧！亦不能如历史学家或日常生活里对于某个“热烈的英雄事业”或某个“牺牲的宗教事迹”有所叙述吧！但是因此我们认为这一类带直接体验性的言词在精确科学中就根

① 见石里克《体验、知识、形而上学》一文。

本无法应用，这是对的；不过我们不能认为凡属于历史、诗歌以及生活中的这一类的对象，根据物理学的形式体系是无法表达的。关于这一类带直接体验性的对象从物理学的叙述原则而言，我们照样的能将其归到一种相当的纯粹形式的关系，照样的能由此而加以表达加以“认识”。例如物理学中之所谓“蓝”、“绿”的对象，则视为一种“光的速度的反复”，视为一种带规律性的纯粹形式的公式。但是由此而说明的“蓝”、“绿”的意义，由此而构成的“蓝”、“绿”的概念，我们就不能用之以表现诗歌中的“蔚蓝的天空”的“蓝”，“碧绿的草原”的“绿”。换句话说：我们因之对于所谓“蓝”、“绿”的对象有所传达有所“认识”，可并不能对于“蓝”、“绿”之为意义内容有所体验，有所“理会”。但是无论为历史家或诗人对于这类带直接体验性言词的应用，根本就不是对于那个所叙述的事实有所“认识”；它们所要求的仅能因之增进他们对于这个现象的体验性，或者说“直观性”而已。

所以精神科学与精确科学的基本不同点，并不是因为前者所能表现的对象，是后者所不可能的，只因为科学家与精神科学家对于科学对于知识看法的不同。科学家是以求知求真为对象为目的，求知求真是他唯一的对象、唯一的目的。精神科学家则期于从科学知识中增进他们理想中的体验内容，扩张他们生活中的体验境界。所以维也纳学派认为精确科学与“精神科学”之所以不同，就是前者以“认识”宇宙事物为对象，后者则以体验宇宙事物为对象，科学家既以“认识”宇宙事物为对象，那么求知识真理是他唯一的目的。精神科学家既以体验宇宙事物为对象，那么所谓真理所谓知识，仅是一种“达到目的的方法”，不过假如我们以精神科学家比之诗人，则诗人又比精神科学家为直截了当：就是他根本无须知识或科学为之方法，他直接地置身于宇宙万物之内，而加以模拟，加以欣赏，加以体验。

（四）实在论形而上学的批评

但是维也纳学派的知识对象从哲学史方面而言，是不难持异议的。我们认为仅有纯粹的形式关系才合乎知识的内容，不过我们还可以说凡是我们对于实际所叙述的关系，事实上只是“我们共有的体验关系”，同时是不能超出这点关系而后还有知识可言的。我们用康德的说法来形容，则可以说是一切知识仅在于“现象”，仅在于“内在的”（von Immanenten）的关系，可不是“超感能的”。从康德这样的知识假定中所能引起的形而上学问题，就是所谓“外界的实在性问题”，就是所谓“超感能的”对象，是一种“逻辑的组织”，如实证论者之所言，或者如实在论者所主张，它是具有“独立的实在性的”；不过从维也纳学派的理论立场而言：这个实证论和实在论的实在观是原则上所不能证实的，所不能说明的。因为无论为实证论实在命题“实在仅有能感觉的实在”，或者如实在论的实在命题“真正的实在是超感觉的”，都是一种原则上既不能肯定也不能否定的命题，都是一种所谓“似是而非的命题”。我们固然不能将一切不能感觉的科学对象，不是视为一种“逻辑的组织”，就是视为一种“思想的方法”，可也不能将原则上就否定所有证实条件的实际命题以“认识”的事实的内容，以客观的说明的意义。我们对于所谓“真的实在”与“假的实在”的区分，事实上所能持为标准的，并不在于某种对象之能否感觉，仅在于它在原则上能否经感觉的证实，所以一切科学的有效公式、电、磁场、原子、电子因其能间接的试验，正如日常生活中桌子板凳一样的实在。但是假如有人认为在电子内有某类核子的存在，但他并不说明它的存在与电子的关系，而且它还根本否定这种关系，那么我们对于这个核子的存在就无法加以肯定或否定，就无法知道这个核子到底是否存在！因为我们对于它的肯定或否定对于它的存在的认识只能以它与电子的关系为标准，但是这一点在这个核子的定义中就被否定了[1]。

实证论者与实在论者认为“真的实在”仅有在感觉的内外，但是这个特殊的实在在原则上我们既不能从逻辑上加以说明，亦不能从经验上加以证实。因为凡逻辑上所能说明的实在标准，仅在于能否经感觉的试验，可不在于能否由感觉的限制。至于经验上所能证实的仅为一切能经感觉证实的实在命题，一个根本不能经感觉证实的命题则是绝对无客观的事实的意义的，是一种所谓空虚而无意义的“似是而非的命题”而已。

我们对于实证论与实在论的形而上学之所说，同样的可以说明康德所谓“现象”与“物自体”的形而上学。康德认为一种“现象”的存在必须背后有一物的存在。所谓“现象”者，就是表示它为某一物一定的“现象”，不过康德在事实上所未见到的：如我们将代表背后某一物的“现象”的关系根本就不认为是固定不变的，那么这就是表示这个“现象”并不是与背后一物有一定的关系，也并不能代表某一物或为某一物的“现

① 这个例子来自石里克在《认识》第三卷1932年所发表的“实证论与实在”一文。

象”，它是独立存在的；如是我们就不能从某种“现象”上而推论到“本体”或“物自体”，如是康德所谓“物自体”与“现象”在客观认识上的区分，就根本失了它的意义了。其实某种形式关系对于实际有所“配合”，有所叙述，则所谓“超感能的”对象是必须假定的。假如这种形式关系对于实际能有所传达，有所“认识”，那么就不能说它所传达的我们因之而“认识”的仅在于“现象”，但不在于“物自体”，它必须在原则上对于这两个不同境界中的对象具有相同作用的。我们对于“认识”与不能“认识”的对象的区分，仅在于它是属于能传达的或不能传达的对象，可不在于“现象”与“物自体”。康德由于不了解“认识”与“理会”的作用，所以认为“超感能的”对象是不能“认识”的，“认识”的仅属于“现象”的对象。其实“超感能的”对象不是不能“认识”的，而是不能“理会”。仅有属于“现象”的对象才能“理会”，可是我们对于它是无法“认识”的。关于这一点，罗素在他的《数理哲学入门》中曾说过：假如一个语句能有传达的意义，那么它必须对于这两个不同的境界有其作用，或者一无作用，在这里所能区别的仅在于“个体”方面而已。但是这个“个体”上的区分是不能表达的，因此它对于科学是毫无意义可言的。

（五）归纳形而上学的错误

不仅康德或实证论者认为“超感能的”是一种形而上学的特殊境界，就是素以主张归纳法的哲学家也认为形而上学是一种对于“超感能的”宇宙的知识体系。形而上学与科学在原则上是同样的对于实际有所叙述，仅是它所叙述的实际对象因为在科学的“那方面”（jenseits），所以我们对于它从科学的立场是不能解释的。譬如康德认为所谓“宇宙的无穷性问题”，就具有形而上学问题的本质。又如杜布伊斯·雷芒所代表的“不可知论”（der Ignorabimus）中所谓“物质的本质”与“力的本质”等问题，都是从科学上所不能答复的形而上学问题，都是所谓“永远不能解决的问题”。而且杜布伊斯·雷芒还说过：“在一定的境界之内，科学家是主人，是专家，他分析一切，构成一切，但是超过这个境界，则他就一无所能，一无所知，而且是永远不可知的：Ignorabimus，这就是所谓宇宙永久之谜[1]。”

但是这个归纳的形而上学之所以产生，在原则上就完全在

---

① 见杜布伊斯·雷芒《自然认识的限制》，1872。

于不了解归纳法之为科学的知识基础的意义。所谓归纳法教我从已知的事实推论到未知的事实，在理论上的根据是如此的：我们只有根据归纳原则，才能从个别的命题而推到一种普遍的事实命题；同时我们还能将所根据的命题的效用性移植于所推论的命题之上。所以从归纳法中所得到的知识从其本质而言，只能在相同的知识对象中方有其作用。同时它所能给我们的实际知识，也仅在于对某种经验的知识范围以整个的统一的见解。因此我们从归纳知识中所能推想的事实是有限制的：就是它在相同的知识对象中，或者相同的经验境界内，方有其意义，可是我们绝对不能借之以构成一种根本不同的非经验的“新”的假设。换句话说：所有归纳的推论都是经验的推论，都是科学的推论，而且永远是经验的推论，或科学的推论，所以从它所能推论的仅在于经验科学的范围之内，可无法引导我们到经验的科学的“那方面”去，到所谓形而上学的特殊境界里去。就是假如归纳的知识在事实上能超过它所不能超过的范围，那么我们借之所能得到的，亦仅在于带普遍性的科学假设，带先天性的科学理论原则。不过这绝不是归纳的形而上学家所能满足的；因为这样的科学假设和理论原则还是科学的，还是从经验上所能肯定或否定的，绝不能为在原则上就不能肯定或否定的形而上学的原则和假设的，而且它们还是科学对象之“这一方面”（diesseits），而不是科学的对象之“那一方面”的。

从归纳立场欲思建立一种形而上学是根本不可能的：因为从事实方面而言：我们根据任何归纳的事实亦无法推论到一种形而上学的假定，这一点已如上所说；从逻辑方面而言：所谓归纳知识之为“超感能的”形而上学知识，就与归纳知识的概念根本矛盾的，根本不相容的。假如归纳的形而上学家将归纳的概念以新的意义以新的用法，那么，所谓归纳就能放弃它的经验的性质，就能与非经验的形而上学以逻辑上的联系，不过因此就无所谓归纳的形而上学了，而且因此更给科学中所谓归纳的概念之为科学的唯一方法的证明了，这样自非他们所愿为的。归纳的形而上学家虽明知由此对于归纳原则和形而上学本质得到正确的认识，可是他们之为归纳的形而上学家的身份可就完全失去了。

（六）直觉形而上学的矛盾

我们在以上所说的种种形而上学以外，还能见到一种所谓直觉的形而上学。根据这个形而上学的思想原则，形而上学不是一种“超感能的”知识，而是一种“超感能的直觉知识”。

关于直觉的形而上学之为“超感能的直觉知识”体系的意义，叔本华、柏格森等曾有“最哲学的”说明。叔本华说：“自然科学对于‘物’仅能从外表观之，譬如其物为一房屋，则科学家仅能从房屋的周围观察，仅能将其所观察的所得作简短的记录，但是形而上学家则已经升堂入室，举目四瞩了。”柏格森则说：“科学只能用空间性的公式或符号对于客体加以叙述，哲学家则用一种‘直觉的作为’（der Intuitionsakt）将本身置之客体之内。”还有德国大形而上学家洛采（R. Lotze）说得更好：“我们对于宇宙的过程不仅加以计算，同时对于它所希望的是如何亦加以体验。”①

无论直觉的形而上学家对于他的思想原则说法如何的不同，可是在他们的形而上学理论中总假定了所谓“直觉的作为”。这个“直觉的作为”既不是一切伟大发明家所具有的灵感，也不是所有的天才家对于宇宙事物认识所具的智力，而是一种能意识到的直接存在的意识内容，而是他们所谓“直觉知识”的本身。假如我们应用我们的术语来形容这个“直觉的作为”，那么它在事实上就是我们所谓体验，因为这样的直觉仅有当我们的主体与认识的客体合而为一的时候，才有其意义，

① 见石里克《体验、知识、形而上学》一文。

当我们对于事物有所体验、有所意象的时候，才有其内容，这是任何的形而上学家所不能否认的。所以他们之所谓直觉的知识，不过是对于体验之为知识的概念一种解释、一种说明而已。因此观念论的形而上学家认为“超感能的”实在就是一种“理会”，或者一种意识的内容。从柏拉图而言，我们对于这个“超感能的”对象的认识，就是对于这个“理会”的一种直观，或者将它置诸我们意识之内。从叔本华而言，则是所谓超感能的物入我们的“心灵”（Die Seele）之内，则我们由之所得的体验是一种“意志的体验”（ein Willenerlebnis），所以我们对于这个“意志的体验”有所“理会”，就是对于“超感能的实在”有所“认识”。柏格森则认为直觉的“超感能的”知识，仅在于他之所谓“élan vital”。杜里舒以“Entelechien”为科学的理论的“最后成分”和基础，也是对于这样带直觉性的知识概念一种说明。总而言之，无论怎样直觉的形而上学家，都是鉴于从科学知识中不能对于“超感能的”事实以满意的认识，以满足他们感情上的说明，如是他们就反身于“直觉的作为”“直觉的知识”。他们以为我们既不能从知识中去“认识”“超感能的”事实，那么只有从体验上去“认识”它了。

但是所谓直觉之“超感能的”知识也是原则上所不可能的。我们说过所谓“直觉的作为”事实上仅是一种体验的内容，同时无论怎样的体验内容总不外乎是一种带内在性的意识内容，所以一种直觉的“超感能的”知识概念，仅是一种错误的语言联系。因为凡是属于体验的性质的内容，都仅能直接的“理会”，直接的体验，可无法超乎此而能有所“认识”的，至于“超感能的”实际之所以为“超感能的”实际，在原则上就无法直接地体验或“理会”；同时它只有在这个不能直接的体验或“理会”条件之下才能合乎“超感能的”实际的定义，才是一种“超感能的”实际。虽如“意志论者”所言“超感能的”实在的本质就是一种“意志”，则他事实上仅认为不能体验的可体验了，这就是所谓“意志”，那么他的所说仍旧为无意义的；因为这样的形而上学命题本身就是一种“矛盾的综合体”。唯如“精神论者”或“现象论者”所言，凡是“超感能的”都是具有心理的本质，则他实际上的所说仅是凡是“超感能的”都不是“超感能的”而是“内在”的。那么他们这样的说法，或者为一种同语反复，或者为一种不相容性，都是一种对于事实无所传达无所表达的命题，都是一种仅如维也纳学派所谓“似是而非的命题”而已[①]。

---

① 假如一个命题是一种同语反复或一种不相容性，那么这就是说明它对于事实无所传达，无所表达：它是常真的，但是空虚的，无实际意义可言。

关于同语反复与不相容性本质，请参阅维特根斯坦的《逻辑哲学》，1918。

直觉的形而上学家想从直觉上以得到“超感能的”实际知识，从体验上“理会”上以认识宇宙事物，结果如以上所说虽未能如愿以偿，而本身已陷于重重矛盾中了。假如我们对于“超感能的”实际有以认识，那么我们所必须求之于形式的关系，事实上科学已经做到了，可不应求之于体验的对象或意识的内容。同时我们对于任何一种实际的认识，亦仅能以科学的知识方法为根据，无法以所谓“直觉的作为”为标准。凡是想从直觉上体验上以期得到事实的认识，这不过将不能体验的加以体验，不能“理会”的加以“理会”。反之就等于将不能“认识”的加以“认识”，不能传达的加以传达，这样我们自然是违背了知识的逻辑意义和知识的事实内容。至于我们不因之陷入理论上的错误和事实上的矛盾，自然是根本不可能的了。

（七）形而上学本质的说明

从我们以上对于几种主要的形而上学学派的分析中，就不难了解任何形而上学派之为实际知识理论的体系，都是原则上所不可能的。它之所以不可能的原因，并不如康德所谓“人类未具有解决形而上学问题的理智”，而是因为任何的形而上学理论之为实际的知识理论，都包含了逻辑的矛盾性和事实上的不相容性。假如形而上学家对于宇宙事物期有所体验，那么他应当求之于诗歌艺术或生活本身，甚至于教义神学，这些都是能充实我们意识的内容和扩张我们体验的境界的。但是他们计不出此，偏欲从知识理论中以达到他们的这个内心的欲求，如是想将超感能的对象加以体验，如是则不能不从“认识”与“理会”的误解中而自陷于重重矛盾之境了，不过对于这些形而上学家所能安慰的是：他们的形而上学体系在事实上也是一种充实我们内心生活和体验境界的方法，它也能从所谓形而上学命题中如“灵魂不死”、“意志自由”、“上帝存在”等，以弥补我们生活内容的空虚，满足我们理想中的欲求和精神上的愿望。所以从维也纳学派的立场而言：“形而上学的体系颇不能给我们以实际的知识，但确能给我们以生活上许多理想和精神上许多安慰，所以人称形而上学为概念的诗歌，这是对于形而上学一种最恰当的看法。其实形而上学在整个文化中的作用确如诗歌一样，就是它的确能充实我们的理想生活和体验境界。只是不能充实科学的知识体系和科学的真理理论。即以形而上学家的理论体系而言，它有时是科学的，有时是文学的，但何尝有所谓形而上学为其内容呢？”[1]

---

① 见石里克《体验、知识、形而上学》一文。

在牛津大学新学院任研究员（1946）

八 意义真理与形而上学

1·1 一切知识仅能从“真实的传达”（die wahre Mitteilung）中产生。这就是说：仅有能传达一种实际意义的语句，方包含着知识。

1·2 纯粹的体验内容是无法传达的。谁没有体验过红是什么或者愉快是什么，则谁就不能了解这些字的意义以及怎样有意义地将它表达出来。

1·3 因此一切实际知识，必须以能思想的能说出的以及有一定说法（die Formulierung）的为对象。

2·1 借语言而得到一种有一定说法的传达，就是语句，惟有借语句方能将事实用妥靠的方式表达出来。

2·2 语句叙述一种事实，所以语句之有无意义，是以它所叙述的事实之存在（bestehen）或不存在为标准。

2·3 语句与事实的关系，是在前者叙述某些事实，而后者使之得到意义。

2·4　所以在事实之存在与不存在之外，确定语句的意义，是不可能的。

2·5　一个语句的意义，就是指出某些事实之存在或不存在；换句话说：语句之有无意义，赖其所传达的事实是真或是假的。

2·6　事实一定给语句以意义，无论这个意义是正的或是负的。可是这个意义并不是事实本身，否则 p 与 q 就具有相同的意义。

2·7　具有一种正的意义的语句，就是表示这个语句所表达的事实是存在的，凡是具有负的意义的语句，则是表示那所表达的事实，是不存在的。

3·1　在语句与实际的比较以及因之而确定它的意义的中间，也能见到语句与事实的关系。

3·2　一个语句是真的，假如它与实际的比较是一致的，否则即为假的。正的语句是真的，假如它所说的事实存在，否则即为假的。负的语句是真的，假如它所说的事实不存在，否则即为假的。

3·3　意义与事实都无所谓真的或假的，仅有语句才能真或假。每个的语句已有其真假，不必有了语句的系统才有其真假。

3·4 哲学中的形而上学学派之产生，皆因形而上学家固执其立场，所以不从每个的语句而确定其真假，偏想将这个语句的真假从某个形而上学原则中推论其真假。

4·1 形而上学的语句是具有另一种构成的概念（die Begriffsbildung），因此我们不能以一般的正负语句方式而解它。

4·2 形而上学的语句是不能与实际比较的：它的真假性仅在于某个语句的本身与某个形而上学原则是否一致，是否符合。

4·3 形而上学的“真理”是在于语句间的一致配合性。

4·4 语句间的不矛盾性，是形而上学“真理”的唯一标准。

4·5 然而从逻辑意义而言：语句间的一致配合性，并不能视为一种真理，否则负的语句亦能变成正的语句了。

5·1 不矛盾性对于真理确是必要的，但它并非真理的充足条件。

5·2 对于许多本身不矛盾的物理理论，我们只能把它从中的某一个视为真实的，假如这些不矛盾的理论是以相同的事实为它们的对象的话。

5·3　维特根斯坦已经见到：所谓真与假就是一个语句的“真理值”（wahrheitswert）。

5·4　一个语句的“真理值”的可能性，就是它之为真为假的可能性。

5·5　在我们语言中的“真理值”，就是维特根斯坦所谓“语句符号”（satzzeichen）。

6·1　“语句符号”是借语言而确定的事实。

6·2　语句是“语句符号”的函数。

6·3　假如在语句间的“语句符号”不同，则这些语句的意义也因之而不同。

6·4　假如不将语句的“语句符号”加以变动，则许多不同的语句，也具有相同的意义。

6·5　语句可由某种语言而译成另一种语言，经过译成后所保存的，就是语句的意义，那不能保存的，即不属于它的意义。

7·1　一种事实之存在或不存在，就是一个语句之为真或为假，其中并无一种“中间物”存在的可能。

7·2　一种对于语句的真假以外，还主张所谓第三种“值”的存在，是不可能的：因它不但与逻辑有矛盾的地方，就是与事实也是不相符的。

7·3　所谓或然不能当作一种“从真到假的过渡”（der Übergang），同时我借这样的“过渡”而了解它。

7·4　一个语句能真或假，但不能或然。或然不是指语句而定，而是指想认识语句真理而言。

7·5　或然性能用于实际的可能性仅在于一点：就是我们对于真理认识能作种种不同的程度的假定，仅有根据这一点，我们方能得或然性的逻辑基础。

7·6　维特根斯坦与石里克的Spielraumtheorie理论，已经包含了一切对于或然性理论的可能性了。

8·1　有语句才有意义，单词不能真或假，唯有语句才能与事实一致，单词是不能与事实一致的。

8·2　用维特根斯坦的话来说：“语句有个方向，而单词没有，语句有如箭矢，单词则如一点。”

8·3　语句的方向正如数字在直线上的方向相同，就是它也有正负的方向。

9·1　符合正的方向的语句我们又称其为肯定的语句，符合负的方向的语句我们则称之为否定的语句。

9·2　语句能够肯定或否定，但语句的意义则不能：因为它必有它的意义，并不是被肯定或否定之后才有它的意义。

9·3　肯定或否定的语句在逻辑上是平等的，从逻辑上而言，我们用什么逻辑符号来表现它，是毫无意义可言的。

9·4　否定并不是否定一个语句的意义，否定是从既成的语句中而制作一种新的意义的手术（die Operation）。

9·5　否定与实际毫无一致之处，“否”之一字不代表任何实际的对象。

9·6　否定的语句所能表达的语言，是肯定的语句所不能的。

9·7　我们对于实际知识以完全的说法，则肯定与否定的语句是同样必须的。

9·8　当我们已知一切真实的语句，同时且知一切语句已尽在此，否定的语句才是多余的。

10·1　假如加一个按语如“这个语句是真的”，同时这个语句并不因之而变更其意义。由此亦可以知道罗素的“符号主张”（das Behauptungszeichen）是毫无逻辑意义的。

10·2　维特根斯坦已经指示我们：语句必已有其意义，“符号主张”不能给它以意义：因为它所主张的正是意义。

10·3　真正不是当作真而已。逻辑的判断，就是那个判断的真性或假性应有的根据。

10·4　“逻辑的”与“心理的”是毫无相关的地方的。同一的思想在心理上能由全然不同的判断表现出来，但是那判断所能确定之点，则是共同的。

20·1　确定一个语句之真假谓之下判断，由此才产生了一个所谓语句意义的标准的“证实方法”。

20·2　了解一个语句的意义，就是知道怎样的证实这个语句：语句的意义在于它的证实方法。

20·3　证实方法不是途径，不是工具，而是意义本身。

20·4　谁说出一个语句，则谁必须知道在某种条件之下那语句是真的或是假的。假如他不明了这一点，则他就不明了他所说的是什么。

20·5　只有我们知道怎样的答复问题，才是一个真正的问题。

20·6　所有语句都包含了它的证实方法，语句的证实方法是不能事后才加入：证实方法是不能寻求的。

20·7　两个语句的证实方法在逻辑上是同值的，则它们一定具有相同的意义。

20·8　一个语句是有意义的，这就是说：它是能够证实的。凡是能够传达知识的语句，都有这个特性。

20·9　只有有意义的语句才能与实际有所一致。

30·1　一种事实之是否存在，完全是以叙述它的那个语句之有无意义为标准。

30·2　经验只能教我们语句之为真为假：可是一个语句能否有其意义，从语句的标准上即能够确定了。

30·3　经验只能教我们以语句之真假，因其如此，我们必须明了语句的意义如何。

30·4　经验只能教我们在某种条件之下某个语句是真的或是假的。假如这一点已经确定，则那个语句的意义也完全确定了。

30·5　假如两个语句在相同条件之下是真的或是假的，则它们必须具有相同的意义。

30·6　“罗素死了波普尔活着”：“罗素死了但是波普尔活着”是相同意义的。

30·7　一个语句的证实方法不能想象，则这个语句便无意义。

30·8　“空间自己伸张”“时间已停止”“未来早于过去”，都是无意义的语句。

30·9　每个单词仅能在与语句的关联中才有其意义。认识每个单词的意义，必须注意与它相关的语句。

40·1　弗雷格对于“语言逻辑”的贡献，就在这里。

40·2　一个单词的意义，仅在于一个语句借它所得的意义。假如我们省去某个单词而无伤于相关的语句，则这个单词一定是无意义的。

40·3 假如在语句之前加以“好似”、“必然的”、“如是”……但对于语句的意义毫无作用，那么我们对于一个语句这样的假定，是毫无逻辑意义的。

40·4 经验只能教我们“什么是”，但不能说“一定是”。必然性是不能经验的。

40·5 一切必然性都是逻辑的必然性：在逻辑以外则无必然之可言。

40·6 在许多的事件中间并无所谓逻辑的关系；就是我们有时对于某些事件有一种必然的感觉，那么它仅是一种对于体验内容的一种感觉，但与逻辑的必然性是相关的。

40·7 必然性的体验并不是被体验者的必然性。

40·8 在自然事件当中亦无所谓必然性；因为自然律只能教我们如何的叙述事件的产生，而非说事件的必然的产生。

40·9 一个语句的证实方法，只具有可能的意义，但无必然的意义的。

50·1 一个语句所说出的话可是不能超出证实方法所能确定的。假如我说：我的朋友愤怒。这个语句只是说出我的朋友当时的态度。若是在这个语句当中还包含着“更多”的意义，那么我可无法知道这个“更多”的意义何在。

50·2　一个语句仅能说出它所说的，可不能说出它所不说的，所以它绝对不能还有“更多”的意义。

50·3　假如两个语句用的是两个根本不同的证实方法，则它们便有两种不同的意义，我确定别人的愤怒与自己的不同。

50·4　我仅能体验我自己的愤怒，可不能体验别人的愤怒。这个有两个关于愤怒语句，必须具有不同的意义。

50·5　石里克称为关于这样的语句在逻辑上是具有两个不同的符号，在意义上则只具有指示的意义。

60·1　自然律的证实可能性有其限度，但这不是表示知识的限度：知识在原则上是无界限的。

60·2　并无所谓“不能解决的问题”，如有，它只是人们称之为形而上学问题的问题。

60·3　但是形而上学的问题不能解决，并不是事实上确有其问题而不能解决，而是一种“问不得当的问题”，所以不能解决。

60·4　石里克认为形而上学的问题之不能答复，是在于我们本无所问的地方，形而上学家偏偏不断地问，所以无答复的可能了。

60·5　哲学史的一般的形而上学问题，可以说是一群“问非所问、似是而非的问题”。

60·6　所以形而上学问题的唯一解决的可能性，是在于看透它的“无意义性”之所在，然后就无问题：这就是它唯一的答复。

60·7　形而上学的体系内所包含的真理和意义，是在逻辑以外的：形而上学根本就不是一种具有逻辑意义的真理体系。

60·8　形而上学的体系之无理论上的意义，就是说它的伟大而富于“文化的意义”是在于知识那方面：它就是一切生活的“基本感情”。

60·9　生活的意义与真理的意义的追求，在文化上的意义是同值的。

60·10　所以生活的意义是无穷尽的：真理的意义是有穷尽的，以生活的无穷尽的意义来了解真理，反之以真理的有穷尽的意义来体验生活，结果则是既不能了解真理的意义，亦不能体验生活的意义。

九　自然科学与精神科学

“欲给信仰以自由，我必须废止知识。”康德这句话是表示人类在心理上对于科学的矛盾；一方面我们因科学的进步非常羡慕人类精神能力的伟大，另一方面我们又觉得因科学的存在反而给信仰上与感情上以许多的压迫。我们在所谓神学与科学，形而上学与科学，甚至于哲学与科学的争辩中，就能发现属于这个矛盾心理的现象。现代自然科学所达到的进展，事实上确已使科学成了一切学术思想的事实根据和理论基础，但是狄尔泰（W. Dilthey）、文德尔班（W. Windelband）、李凯尔特（H. Rickert）诸人偏欲在自然科学之外，对立以历史科学，文化科学，或者说精神科学。这个所谓精神科学派之所以产生本文行将加以说明：并非人类思想发展必经的过程，仅是我们对于科学的矛盾心理的表现罢了。

精神科学的理论基础在原则上的缺点，我们不难见到的就是将精神科学的知识与自然科学的知识分为两种根本不同的知识。实际上所谓科学知识只有一种。我们之所以认为有种种不同的知识者，实因我们对于科学的知识缺乏正确的认识。从许多科学的分类中而看到知识，好似多种多类的，其实科学将它的研究范围分成若干的基本学科，并不是为了种种不同的知识的缘故，而是因为在科学研究上的经济与便利。换句话说：科学将它的范围内的知识对象加以分离，仅有研究科学的方法上与设施上的意义，既不是表现科学知识有领域的限制，也不是认为科学真理有事实的区分。在科学的全盛时期的今日，无论在科学研究的方法方面（例如现代物理学对于原子理论的研究所应用的专门仪器，就以显微镜一项而言，也不知有多少种）和设施方面（例如在德国的物理或化学研究所，分门别类的诚不知有若干所），皆较之古典哲学专门而复杂，可是现代科学的理论原则、知识对象并不因之而日益专门日益复杂，相反的过去许多原则上独立的理论，和根本上分离的科学，现在已经渐渐的统一起来联合起来了。譬如物理学中的力学、声学、光学、热力学、电磁学以前是分离的，现在则声学成了力学的一部分，光学成了电学的一部分，热力学一部分属于电力学，一部分属于力学；至于电力学与力学的联合，也不过是一个时间问题。还有化学、天文学、与物理学原为三种根本不同的学科，现在则化学与天文学的若干部分已成了物理学的研究对象，生物学与生理学原则上是不可分离的了。从生理学中又促成生物学与心理学的联系。精神科学之能与历史学联系，心理学实为媒介，这也是无从否认的。

总之，科学之为知识理论的体系，就是一种真理的系统。真理从其本质而言，是统一的整体的联系而不可分离的。各种各类的真理不是有其事实上的关连性，就是有其理论的互相推演性。科学之目的也就是将这个各种各类的真理从理论上加以统一，从概念上加以组织，以期构成一个整个的统一的精确的真理系统和科学的世界。所以科学之为科学在原则上正如石里克所言："它不是一种由许多细木嵌成的木刻，不是一个由许多种异类的树木所造成的丛林，而是一棵带着许多不同的枝条和叶瓣的花木。"

从精神科学派立场还有可说的：就是所谓科学的真理原则上仅有一种，那么对于有些真理的认识精神科学实较之自然科学为优。譬如对于宇宙观问题，狄尔泰与李凯尔特认为自然科学的宇宙观念是太专门了，与"人的一切"太隔远了，所以一种一般的与"人生接近的"宇宙观的构成，则必须补充以为"人的"知识理论体系的精神科学的基础，但是因此，精神科学派又重犯了它的原则上的错误，因为这样它无意中就假定了两种不同的世界，如自然科学的世界和精神科学的世界，同时更假定了两种不同的宇宙观如专门的自然科学的宇宙观与一般的精神科学的宇宙观了。

固然我们不能否认的，从自然科学的宇宙观念而到宇宙观事实上需要一种理论的基础，可是能为宇宙观的理论基础的不是精神科学，而是哲学。不过哲学从其本质而言：并不是一种独立的理论体系或科学；哲学之有过去的发展和成就，自然科学的进步确为其主因；希腊时代的哲学是如此，降至现代何独不然？柏拉图的哲学体系的格式，完全是数学精神的表现，他的理论的反对者德谟克里特是原子论的创始人，是一位科学家。亚里士多德无疑的是欧洲第一位大科学家，许多科学的基本问题和理论概念的发现也须归功于他。十六、十七世纪的大哲学家培根、笛卡儿、斯宾诺莎、莱布尼兹，或为科学方法的崇拜者，或为数学家，或为物理学家。大哲学家康德就是一位科学家，他的星云学说简直可与拉普拉斯（Laplace）的相提并论。据说康德到四十九岁为止，在他的二十一部著作中，有十四个关于自然科学的。十九世纪如洛采、马赫、费希纳诸人，或为医学家，或为物理学家，同时亦为影响一时的哲学家。现代以反对科学著名的哲学家如柏格森、杜里舒，也是从科学家出身。罗素之为数学家是人所共知的，代表现代“科学的哲学”的维也纳学派的创始人如石里克、维特根斯坦、卡尔纳普等，都是对于数学物理学有研究的，其中如石里克就是一位物理学家。就维也纳学派成立的整个而言，它与马赫、爱因斯坦、普朗克、弗雷格、罗素、希尔伯特的名字是不可分离的。

精神科学不仅对于宇宙观的理论基础方面无有如何的影响，就是在实际演变方面也无可说的价值。我们所见到关于精神科学的理论很多，其中确有不少精彩独到的见解，可是每个时代的新的宇宙观的成立，从某种历史文字的发现中是不能解释的，自然科学的新的理论的发明方是它的事实上和理论上的根据。我们只须回想哥白尼的宇宙观替代托勒密的宇宙观之后对于当时的精神生活的影响如何？我们再回想达尔文的种源论的出世之后，对于人类的进化观念的影响又如何？还有我们如提到一代的宇宙观的支持者，则不是当时的某个大历史家，而是哥白尼、牛顿、爱因斯坦、普朗克等大物理学家。精神科学之所以不能与自然科学相提并论，实因其为理论的基本概念的基础之历史学，从原则上而言，无论其知识根据之如何确实可信，无论其理论体系之如何精美完备，总是无法避免，如兰克（R. Rank）所言：“许多被视为真实的历史记载或知识实际上到底是不是这一回事呢？”

无论怎样的宇宙观的构成，总须以自然科学的宇宙观念的基本概念为其基础，这个基本概念就是所谓自然定律。自然科学的知识之能统一化与整齐化，完全归功于这个自然定律，有了它，我们才能将各种实际知识从理论上联系起来，以建立一个统一而完整的知识理论的体系或真理系统。自然科学之所以能为人类科学知识之唯一的理论根据，就因为一切自然科学的规律都具有广泛的普遍性；无论属于何种领域内的自然现象，无论属于哪种科学的实际知识，最后皆能应用自然科学的定理说明的，都能归返到自然科学的基本概念的。

所以文德尔班与李凯尔特也就本这一点区分精神科学与自然科学的任务，“历史学家是以‘确定一次的事实’为对象，自然科学家则仅对于‘普遍的律则’发生兴趣”。文德尔班与李凯尔特这样对于这两门“基本科学”的看法，事实上是无可否认的，精神科学的方法其实仅能对“个体的多种多类的形态的世界”发生作用，就以所谓“精神科学的知识”而言，也只能以这个个体的世界为目的，与离开一切个体的形态而专与自然现象的普遍性为伍的自然科学是无法比较的。不过文德尔班与李凯尔特因此就主张精神科学为一种在自然科学之外的独立科学，则就大错而特错了，在自然科学中如化学、天文学与物理学无论在对象上与目的上都是不同的，就从它们的理论方面观之，也各有各的基本概念和研究方法，但是我们并不能因之将这三门学科视为三种独立的科学；相反的，由于量子物理学的进展，化学不必说了，就是天文学之为独立学科，从科学的理论原则而言，似乎也成了问题。精神科学与自然科学在原则上的关系也是如此，也未尝例外，只是它们的关系不甚明显，需要一种事实的说明罢了。

李凯尔特认为历史科学能与自然科学并列，能有原则上的独立性，实因历史科学也如自然科学有它的特有的规律，而且他还认为关于“人的”尤其是“人的命运”所支配的“精神生活”的认识，这个历史科学的规律是离不了的。固然我们根本不应否认历史的演变中有类似具有规律性的历史事实以及类似为历史规律所支配的实际知识；但是我们对于历史科学的规律之为科学定律的可能性也不应忘记的，就是历史学家从史学中去发现历史的规律的过程中，自然科学的基本概念和思想方法的应用是不可避免的。他们必须将历史的事件当作一种自然事件，当作一种整个的原因与结果的演变过程，而后在物理方面以气候环境、地理环境以及其他相关的自然环境为根据，在心理方面以当时的政治领袖的性格以及当时的国民心理的倾向为依归，仅有在这个方式之下，才能将整个民族的命运与文化传统的兴废为客观的说明，公正的确定，才能从若干时代的历史事件的演变过程的比较中而确定历史的基本规律。所以从任何精确的有效的历史规律观之，在它的整个组织中，自然科学的成分尤为重要，尤为标准。就从这一点而言，历史科学或者精神科学与自然科学的思想法则或方法的绝对分离，是根本不可能的。杜里舒在他的名作“精神与社会”的论文中说得好：“所谓方法无所谓自然科学的方法，仅有一种基本的方法，就是思想的方法：就是明确的观念，敏锐的分析，无矛盾性的一定性而已。”

还有精神科学之为叙述“人的一切”的基本理论，也不是事实上无问题的。关于“人的”或者具体一点说“人的命运”方面的叙述，所应用的就是一种叙述“人的外在与内在的状态”的基本概念，但是这些基本概念凡是关于外在的状态则属于物理学的，关于内在的状态则属于心理学的，至于精神科学的基本概念，从科学之为精确的知识理论体系而言，简直无应用的可能性。固然我们无法否认精神科学的基本概念，不是取之历史学，就是取之心理学，其中尤其是取之心理学，同时精神科学派能以认识“人的”本质以及树立精神世界的法则自命，心理学的知识实为之根据。不过心理学之为研究人的内在行为之为精神生活的规律的科学，无论在历史中，或者实验室里，我们仅能视为一种自然科学，可不视为一种精神科学吧！

科学之为自然理论的体系，之为实际真理的系统，在原则上仅有一种，就是自然科学。所谓精神科学根本不成其为基本科学如自然科学等；它之所谓知识理论与真理体系，无论从理论上与方法上而言，都是属于自然科学范围内的：它或者取之于物理学或者取之于心理学，舍此之外则无所谓精神科学的理论与方法。所以我们称它为自然科学范围内的一种学科则可——在理论上还是非常勉强的——假使认其为一种与自然科学根本不同的，或对立的科学则不可。固然我们在所谓精神科学领域之内能见到若干的“理论的假定”，这些“理论的假定”是自然科学所不能解释的。它就是如李凯尔特所说：精神科学对于它的事实对象之假定，不是如自然科学关于一切自然的或“人的”事件，而是须从人类立场观之“有价值的”、“有文化意义的”。不过从这一点上我们亦仅视为精神科学派对于真理与知识看法的不同，并不能视为一种精神科学的知识与自然科学的知识有事实的区别，因为何以仅以“有价值的”和“有文化意义的”为精神科学的知识对象呢？无疑的不是为了知识或真理本身——知识与真理本身是无所谓有无价值或有无文化意义的——而是为了我们因此而得到一种可能性，将过去所谓“有价值的”、“有文化意义的”事迹如以往许多的英雄、天才家、学人、圣者的事业和生活加以内心的模拟、内心的体验，以期增加我们在事业上生活上研究上的信念，扩张我们理想的体验的境界。所以我们认为精神科学家对于真理知识的看法，与自然科学家所不同的也就在此，就是自然科学以求知求真为目的，知识与真理即为他们唯一目的，此外则无所谓科学的目的了；但是精神科学则视知识与真理仅是一种达到目的的方法，一种满足我们的精神生活和感情生活的方法。精神科学虽然不是一种基本的实际知识的理论体系如自然科学，但它对于人类精神历史的发展的实际方面，确有伟大的贡献，换句话说：自然科学之为实际真理的理论体系，精神科学之为文化生活的体验方法，从人类立场观之，却是同样“有价值的”、“有文化意义的”。仅有对于科学缺乏正确认识的人方才认为自然知识能给精神的信仰的生活以压迫，精神科学能解放这种压迫至少能减轻这种压迫；其实“知识”与“生活”之为整个生活的两部分，自然科学与精神生活是同样重要的，所以我们认为他们若不是对于自然知识毫无认识，就是对于精神科学也只有错误的观念而已。

洪谦先生在燕东园（1980年代）

十　自然科学与哲学

我们如从科学的理论方面来看自然科学，那么就不难明了它最后的任务，是想将“自然的一切”从概念和理论上构成一幅整个而统一的“世界图景”（das Weltbild）。图景无疑是为“观”（Anschauung）而在，所以“世界图景”是为我们“观”世界而设，是所谓“世界观”（die Weltanschauung）的根据。“世界观”如一般所云，是一个关于哲学的问题，如是科学与哲学的关系就因之而说明了：就是科学给哲学以“世界观”的材料，哲学则利用这个材料，以建立它的“世界观”。

不过一般的哲学家认为科学所给哲学的“世界观”的材料，并不是已经有所形成，仅待制作，它非事前有待于哲学在原则上的批评和事实上的选择不可。在许多哲学概论中“科学理论基础的批评”和给科学以“哲学的规律”是哲学最主要部分认识论的任务。仅有根据这个认识论的研究结论，我们才能建立所谓哲学的“世界观”，仅有由此而建立的“世界观”，才能得到“哲学的”意义和作用。

从这样的哲学和科学观中，我们易于想到的就是科学之能有统一的知识或整个的观念，似乎非有哲学的基础不可，至于科学本身，则因其研究对象上和方法上的限制，虽然是专门有余，但是嫌普遍不足。哲学家能从宇宙而谈到人生，从人生而谈到伦理思想、社会文化，其渊深广博，大有无所不通，无所不达之概。但是科学家则虽在同一实际领域之内，仍然不能有所旁通，有所理会。譬如一般研究物理学的，对于化学多不了解，研究天文学的，未必懂气象学，研究鸟类学的，懂原虫学的就不多，研究生理学而对心理学有认识者更少了。“世界观”既是从一种整个而统一的立场而“观”世界，是以整个而统一的世界为对象，那么它自然不能以如此专门的科学知识为满足，自不能不以素称为“综合的科学”或“普通的科学”的哲学为其理论基础了。

虽然这样“哲学的科学观”，是一种普遍的科学观念，可是它并不因之而有科学理论上和事实上的根据。科学之为科学，就其本质而言，它所有的各部门，各学科，不仅不是分离的，独立的，而且在原则上它们非互相的联系，互相的贯融不可。我们由于不了解科学知识的本身和它的研究方法或设施方面的区别[①]，于是乎认为科学不是一种统一的实际知识体系或真理系统，而是一种包含种种独立的实际知识或实际真理的综合体。实际科学将它的研究范围分成若干基本科学，将若干基本科学又分成若干的研究对象，并不是因为有种种不同的实际知识的存在，仅是因为在科学的研究上和方法上比较的经济与便利。换句话说，科学家将他的研究对象加以分离，加以独立，仅在科学的研究方面有其意义，这既不是表示有种种不同的科学知识，也不是认为科学上有互不相关的科学真理。我们在科学全盛时期的今日，虽能见到现代科学研究分门别类的专门和复杂，譬如某一部门的科学研究，皆不知分成若干研究所，物理研究所有理论物理研究所和实验物理研究所，在这两者之下，又不知分成若干的物理研究所。化学研究所有有机化学和无机化学研究所，在有机化学研究所之下，因为所涉应用范围至广，所以其分类之专门与复杂，更有甚于物理学之研究。其他相似的例子，诚是举不胜举。但是现代科学理论在原则上日益整体化与统一化，则并不因其研究上的专门和复杂而失去其意义。相反的，过去许多不同的科学学科和研究对象，

① 科学家也是属于科学研究方面的，并不能代表科学或是科学知识理论内的一部分，这是很明显的。

现在联系起来，统一起来了。譬如在科学的理论基础方面，由于相对论和量子力学与波动力学的发生，现代物理学从联合力学与电动力学中而成了所谓“场的物理学”（die Feldphysik）了[①]。不仅在自然科学中是如此，就是自然科学与社会科学的关系，也较前为接近，也不如以前的分离，促成这个自然科学与社会科学的密切关系的，是地理学；自然地理学、气候学和动物地理学与自然科学中的地质学与矿物学、生物学诸科，是如医学与生理学、化学、物理学、生物学之同样的不可分离。此外，测量学、经济地理学与交通地理学同样的也不能无经济学、统计学、工程学等等为之基础。还有社会心理学也给自然科学与社会科学的分离性以相当的减少，因为社会心理学之能解决它的问题，“个性心理学”与社会学的理论、事实的应用，是根本不能缺少的。[②]

总而言之，科学之为实际的知识体系，无论其为自然科学或社会科学都是一种关于实际的真理系统。关于真理的本质，作者以前就曾说过：它是统一的整体的联系而不可分离的，各种各类的真理，不是有其事实上的关联性，就是有其理论中的

---

① 还有许多其他的例子，请参阅本书第九章“自然科学与精神科学”。

② 同上一文内。

互相推演性。科学之目的也就是将这个各种各类的真理从理论上加以统一，从概念上加以组织，以期构成一个整体而统一的真理体系和科学世界。所以科学之为科学，在原则上正如石里克所言：“它不是一种由许多细木嵌成的木刻，不是一个由许许多多的异类树木所造成的丛林，而是一棵带着许多不同的枝条和叶瓣之花木。”

在自然科学中并非无统一的科学知识，并非无整个的自然观念，相反的，科学之所以为科学，统是这个观于实际的统一知识和自然观念的理论体系。一般的哲学家认为从科学的“世界图景”而到哲学的“世界观”，必须“哲学的批判和规律”，其实他之所谓“哲学的”并不是“哲学的”，仅是与科学对立的“形而上学的”罢了。哲学与科学事实上不仅无冲突之点，而且在发展上也是互为因果的，仅有形而上学方从另一实际立场和知识概念中而否定整体而统一的科学“世界图景”，或者说否定纯粹哲学的“世界观”。关于这一点，我们仅须一览为西欧精神生活的中心的理论哲学之发展，就不难证明了。

希腊的大哲学家柏拉图，无论从他的哲学基础和思想方法方面而言，都是数学和几何学精神的充分表现。我们似乎还记得柏拉图曾以学过数学为入他的“书院”的条件。亚里士多德的自然科学观，一直到中世纪还是为人所遵守，许多科学概念的构成，和科学问题的发见，也须归功于他，亚里士多德确是西欧科学初期第一位大科学家。被称为“近代哲学之父”的笛卡儿是分析几何的发现者。假如我们一问他的几部主要著作，那么几乎不辨其为自然科学的或哲学的著作。斯宾诺莎对于自然科学，尤其是数学的修养，从他的《伦理学》中已充分表现出来，在他的《通信集》中多数的是当时科学家为物理学问题的讨论，莱布尼兹就是其中的一人。莱布尼兹无疑是近代最伟大的数学家、逻辑学家和思想家，微积分是他与牛顿同时发现的，现代数理逻辑的发展，不能不归功于他当时所指示我们的逻辑趋势。康德更不必说了：他是一位自然科学家，据说他对于自然科学的著作不比哲学为少。他的哲学系统，事实上是他对于牛顿的物理学研究所得的结论。当代大哲学家怀特海曾说过：“假如康德不在哲学方面费去许多精力，则他一定成了一位大物理学家了。”

还有大哲学家贝克莱虽是一位主教，但他确能了解自然科学的精神。他的《视觉新论》到现在还不失其在生理学和心理学上的根据。就是他在学术上所贡献的以及最能表现他的思想的，也在于他的哲学方面的著作，而不在于他的神学。休谟虽然对于历史学有高深研究，但对于自然科学则很少修养。不过他在哲学方面如“因果概念的批评”，“我的批评”，曾未以历史的因果关系或历史的个体为出发点，他所持为论据的，完全是物理学和心理学的理论事实。休谟的哲学之有现代哲学的意义，主要原因就因其是合乎“科学的”，这是无可怀疑的[①]。

我们从以上所举的例子中，就能明了某个时代科学的发展，就是某个时代哲学的发展，某个时代的大科学家，就是某个时代的大哲学家，一部哲学史与一部科学的发展史，事实上是不能绝对分离的。但是我们如将科学与形而上学为一比较，同时从科学看形而上学，那么形而上学则根本不成其为关于实际的一种知识体系或真理系统。反之从形而上学看科学，那么科学之为实际的知识理论，仅限实际的“这一方面”的，是形式而不是体验的，是限于感能的而不能“超感能的”，但是形而上学则以实际的“那一方面”为对象，是从体验上去领会实际而不是从形式上去认识实际，是不限于感能的对象而专以“超感能的境界”为伍的。这个超科学的形而上学之是否可能，这是哲学史上，或者说人类思想史上，一个争辩最烈的基本问题，本文不加以讨论[②]。这里所以提到形而上学，仅因指

① 关于其他的例子，请参阅本书第九章“自然科学与精神科学”。

② 关于形而上学之为知识理论，请见本书第七章“形而上学问题的哲学分析”。

出形而上学与科学的对立性是在科学与哲学中间所未有的。因此一种科学的世界观念与哲学的“世界观”并无彼此超越的理由，仅有将“哲学的”易为“形而上学的”则免不了发生如此的问题了。

一般的哲学家总认为从科学的“世界图景”而到哲学的“世界观”原则上则非有所谓“哲学的批判和规律”不可，其实科学的“世界图景”本身就是一种“世界观”，并非有了“哲学的”基础而后方成为一种“世界观”的。我们对于“世界观”的问题之所以有如此的误解，实因我们对于哲学的本质无正确的认识，所以往往将“哲学的”意义而加诸于哲学之内。哲学之所以为哲学，并不是因其为一种在科学以外，或超出科学的一种关于实际的科学，而是因其为一种说明科学的基本概念的“活动”。一切科学的基本概念或命题仅有经过这个“活动”，而后方能发现它的意义，所以哲学与科学在原则上的不同点，就是哲学与科学的命题为对象，某一命题应该有怎样的一种意义，或者他所说的到底是什么？这是一个典型的哲学问题，至于科学则以某一命题的真假性为对象，某一命题之为真为假，自然不能专从它的意义上断定之，最后非付诸证实不可，从证实上而确定某一命题的真假性，这是科学之为实际的真理体系之唯一任务。假如我们称哲学亦为一种科学，那么它仅是一种“研究意义的科学”，自然科学或社会科学则是“研究真理的一种科学”。

假如我们对于某一科学命题的意义期有所确定，或有所说明，那么我们就已经从事于哲学的“活动”，自然能在科学研究之外而有其意义，它非在科学范围内“活动”不可，所以哲学就其本质而言，是不能超出科学或与科学并列，而是属于科学范围内“活动”的一种学问。一切科学的精神和内容，最后自然是在于科学的命题所包含的真理的意义，如是“哲学家的活动”为科学中一种绝对不可缺少的“活动”。一般的哲学家的基本错误，就是认为哲学不在于科学命题意义的逻辑分析，而在于建立与科学命题并列的一种关于实际的科学命题，或者说他不把科学视为一种理论的“活动”，而将它视为一种超出科学或与科学并列的一种科学，其次则为所有命题意义的确定或了解，在原则上认为能由“解释命题”（die Erleuchterungsaussage）或定义而说明的。殊不知“解释命题”本身就无固定的意义，定义亦不能无穷的定义下去，所以借他们仍然无法得到那个命题应有的意义。一般的哲学家既不知他们有这样的基本错误，自然易于离开了哲学而入于形而上学之门，自然易于将“形而上学的”意义而加诸哲学本身了。

我们对于哲学本质有了如上的认识，那么我们就不难了解所谓哲学的“世界观”的意义。从科学的“世界图景”而到哲学的“世界观”，或者一种哲学的“世界观”之成立，并不是科学的“世界图景”之外，还须加以“哲学的批判和规律”，这是一种形而上学的看法，仅是我们对于科学的“世界图景”的意义能有精确的把握；我们应当明白它的应有的逻辑意义之所在，应当知道它所说的到底是什么；换句话说，一种科学的“世界图景”成为一种哲学的“世界观”，所必须的不是所谓新的形而上学思想的加入，而是我们对于它应有彻底的明白的了解。譬如我们“观”一幅图画或一种艺术作品，不了解的人，只知其为山，其为水，其为花木，或其为其他的；但是对于它，有了解力的人则不然，他所知的某一种颜色，某一种形式，或某一种位置，都具有一定的意义，都是有所叙述的，有所表现的，都是能相联系融贯而成一种整体的统一的作品的。一种科学的“世界图景”成为一种哲学的“世界观”，甚至于整个的哲学与科学的关系，也是如此，也仅能如此的解释。固然我们如一般的哲学家的所为将“形而上学的”视为科学的意义的内容，则又当别论了。

所以石里克曾说过：一个哲学家欲建立他的“世界观”，则非以科学的“世界图景”为根据不可。哲学不能从它的任意思辨中而建立起它的“世界观”，它必须从经验科学中得来；

这样得来的“哲学的世界观”对于“世界观”的伟大意义，绝无妨害或损失；因为科学的“世界图景”在内容上所有的理想性、艺术性、崇高性、浩瀚性，远非我们的理智或理想所能构成的，所能想象的，所能望其项背的。

与牛津大学教授Brian McGuinness 在北京大学西门（1984）

十一　弗雷格、罗素与数理逻辑问题

（上）弗雷格的数的定义批评

弗雷格认为过去数学的发展不能不引为遗憾的，就是对于数学基本概念，还无同一的见解和认识，根据弗雷格的意见，“数”既不是如莱布尼兹视为一种定义的假设，也不是如康德所谓先天综合的真理，也不是如穆勒的从经验中推广的抽象关系，而是代表一种不能意象的纯粹概念的性质，弗雷格的数学基本观念到了罗素、怀特海的《数学原理》出版之后，似已成为数学一般的逻辑基础。其实，弗雷格的数的概念虽有其理论的优点，但并不能满足数的概念的逻辑要求。对于这一点，我们如将弗雷格的数的定义加以分析，就不难领悟了。

弗雷格的数的定义是以两个相等数的群为出发点。弗雷格认为A群与B群是相等数的，假如A群的成分与B群的成分，反之 B 群的成分与 A 群的成分，能互相的并列，或者说在他们当中有一种一对一的关系，至于“单群的数”弗雷格视为一切与某个群为相等数的群。或者说它是一种类的类，譬如说我们能将数字5代表世界上所有“五之类”，同时我们从这五之类与我们左手五指的相似关系中构成数字5的概念。

弗雷格将一对一的关系当作两个相等数的群之基本性质，同时又将它们的互相并列性视为某两个群有无此性质的标准。譬如说我们欲知道课室 A 内之桌子与椅子是否为两个相等数的群，我们必须事前在它们当中找到一种一对一的关系，这种关系是说：每张桌子之旁有张椅子，没有一张椅子之旁无桌子。但是在课室 A 之内仅有桌子，椅子则在课室 B 之内，它们中间还有这样关系么？我们还能依着这个关系为证明它们的互相并列性么？根据弗雷格定义的指示——假如我们欲知道在课室 A 与 B 内之桌子与椅子是否为两个相等数的群，我们必须将课室 B 内之椅子分列于课室 A 内桌子之旁，以树立它们当中的一对一的关系。弗雷格的两个相等数的群的定义事实已经告诉我们：

（一）两个群的互相关系不是存在的；在我们未树立课室 A 与 B 内的桌子与椅子一对一的关系以前，则根本无法知道它们的关系是怎样。因此：

（二）两个群是否为相等数不能从它们的互相并列性推论

之，非事前知道它们实际的关系是怎样，因此我们如不知道所指示的桌子与椅子一对一的关系，我们怎样知道在一张桌子之旁分列一张椅子呢？

可是弗雷格对于我们的解释恰持相反的意见。他认为桌子与椅子一对一的关系，不在事实上之树立，仅在它们概念上有无可能性，所以两个群是否为相等数，也不在于事实上的证明，仅在于它们逻辑上的关系。而且弗雷格还能指出他之所谓群则指具体的事实而言，因此前者能从逻辑立场推论之，仅有后者必须实际的证实。

弗雷格素来主张逻辑的符号与数学的公式不仅是空虚的形式，而且还是具有思想内容的概念，因此我们欲将他所指出的不同点加以批评，必须明了他对于“类”这个字所假定的意义。类这个字之意义从一般的应用观之，在原则上能分作两种：一种我们用之代表学校班数；一种则用之以代替概念。前者例如 A 属于 A·K·班，B 属于 B·K·班，完全是一种定义的结论。后者例如鲸属于哺乳动物之类，则无异说鲸也包含在哺乳动物概念之内。这两种用法所给类这个字的定义，是根本不同的——前者仅为定义的假定的说法，后者则为经验的知识科学的概念。假如弗雷格的类之用法是为前一种，那么两个群是否为相等数的问题，确属于纯粹逻辑的范围。不过我们因此对于两个群是否为相等数的意义则根本无法确定，因为一种具有同语反复说法之命题是在任何场合之下不失其真理性的；我们可以说某两个群是相等数，但亦可以说它们不是相等数。假如弗雷格的类之用法是为后一种，那么两个类的群则为两个概念的群。两个概念的群是否为相等数，自然以它们概念之容积的互相关系为根据。不过两个概念之容积的关系如何，它们能否互相的并列，从纯粹逻辑立场是无法推论的，非求之于实际的证实不可。简而言之，我们从实际的证实中不仅能知道两个群在某种场合之下是相等数，或不是相等数，而且能将“群”“相等数”的应用法则确定下来。但是这不是弗雷格的看法；因为如此他视为思想原则的逻辑规律便失去根本的作用了。

弗雷格曾告诉我们——两个群是否为相等数，是以它们有无一对一的关系为标准。这样的两个相等数的群之定义在理论上是对的，可惜弗雷格没有想到命题意义与证实方法的关系，因此它不能得到实际上的作用。虽然弗雷格在他的定义中已经说出两个相等数的群的证实特征，这两个群的一对一的关系，但并未指出如何达到这个特征的方法，所以它仅是一种对于两个相等数的群命题的一种说法，而不是教我们如何得到两个相等数的群命题的意义标准。

此外弗雷格的“单群之数”的定义，也不是无逻辑的缺点。弗雷格认为个数为一种类的类。譬如说“桌子上有三个苹果”，为数字3相似的类，如同我们左手五指能为数字5相似的类一样。不过弗雷格所不能想到的，我们的语言不是为句子形式独能支配，此外有一种语言在这个形式之外，而自有其意义；这就是所谓命令式的语言。我们能从“桌子上有三个苹果”、我们左手的五指当作数字3与5相似的类，或者“三之类”“五之类”的成分，可是不能从三个苹果中而构成数字3的概念，因为这句话的意义不在于“三个苹果”，仅在于命令某人拿三个苹果来而已。总之弗雷格的定义是以主宾词的句子形式为基础，但不知这样形式的语言是没有普遍的表达可能性的，这一点自经罗素说明以后，似已不成其问题了。

弗雷格的数的定义对于他的思想体系的重要性，我们可以借关于他的一件故事而说明。这件故事是如此的——弗雷格在他的大作《数学基本法则》完成以后，忽然接到一个不相识的人自伦敦来信，告他以在他的数的定义中因应用群的概念所引起的矛盾，写这封信的人就是现代大哲学家罗素。弗雷格不久在他的理论中也发现了罗素所指出的事实，于是将这个事实的首尾公布于世，同时他即停止对于“数理哲学”继续的努力。我们现在或者可以说——假如弗雷格当时就发觉本文所指出他的数的定义所包含的缺点，那么他等不到罗素的警告之后，便早已对于他的“数理哲学”持消极态度了。

（下）逻辑是一种演绎的理论么?

弗雷格与罗素认为逻辑的定理是一种在逻辑体系中具有本体的前提（die substantive Voraussetzung）；逻辑与数学都是根据这个前提而形成的命题体系。但是弗雷格与罗素却未曾想到，这样的逻辑理论的原则，不仅不能说明逻辑的本质，而且已引起一个逻辑的基本问题：假如逻辑是一种根据逻辑的定理而形成的命题体系，那么我们怎样在逻辑的立场以证明这个逻辑观念呢?

对于这个问题，维特根斯坦曾给我们以原则的启示：他认为逻辑根本就不是一种命题体系，仅是属于逻辑的推论法则（die Schuleregel）的一部分。维特根斯坦这个逻辑观念，友人魏斯曼先生在他的“逻辑是一种演绎的理论么？”（Erkenntnis B. XV H. 3.）的文章里，不仅发挥得很详尽，而且在理论方面还补充了许多。本文就是将魏斯曼那篇文章的要点加以叙述，以介绍国内关心逻辑理论发展的同好，同时并借以答谢魏斯曼先生远自剑桥（魏斯曼先生当时任剑桥大学逻辑讲师）见赐他的大作的盛意！

根据弗雷格与罗素的意见，命题仅是应用逻辑的计式的法则（die Regel der logischen Kalkül）而形成的语言叙述。所谓逻辑的计式，是以一定的基本形式与须证明的定理为基础；它是一种演绎的命题体系，如同几何学力学之为演绎的命题体系。同时弗雷格与罗素认为一切逻辑的基本命题的真理性（die Wahrheit），是每个人在思想上精神上所能把握的真理：而且这种真理是容易证实的，就是将所说明的逻辑命题归返到一定的基本形式与定理而已。

但是罗素的逻辑的理论原则，是根本错误的，他之所以错误的原因，就是罗素误解逻辑为一种命题体系，实际上它仅是推论法则的一部分，或者说是教我们如何将推论形式以体系化的指示法（die Anweisung）。所以逻辑就其本质而言，它除了给我们在推论原则上与技术上的基本法则以外，一个逻辑的计式或命题之为真为假，对于它是毫无意义可言的。譬如我们说，这个推论是对的，因为是我根据某个法则而推论的，而某个法则是有逻辑形式的根据的；可是我们不能说，这个推论是对的，因为某个法则是真的，同时某个法则的基本命题的真理性是可以证明的。假如逻辑之为演绎的命题体系确如几何学力学，那么我们对于逻辑基本命题的定理，根本就不发生关系；

这里所发生关系的，仅在某种场合之下，我们能根据某种定理而能得到某种有效的推论。假如罗素认为他的逻辑是具有几何学力学的演绎体系的形式，那么他的逻辑就不成其为逻辑，仅是一种逻辑的例子：因为这样的逻辑体系所能指示我们的，仅是在某种场合之下根据某种定理能产生某种应得的结论而已。不过我们知道，罗素是想建立一种逻辑推论的理论的；这就是说，他不仅是想根据推论的基本规则以证明每个推论，而且想建立一种推论以证明所有的推论的。

在罗素的逻辑有两种事实是根本必须分开的：一为用符号语言（die Zeichensprache）而代表的计式形式；一为用文字语言（die Wortsprache）而说明的应用计式形式的指示法。还有罗素认为在逻辑中最基本的一点：就是我们如何形成从某一个推论形式到其他推论形式的法则：这个法则譬如说，从 P 的形式推论到 Q 的形式，假如 P⊃Q 为有效的形式。我们将这个推论法则名之为指示法。假如我们从 P 推论到 Q，那么下列的模式（das Schema）：

P
P Q
Q

是一个指示法 S 的基本形式。同时在这个基本形式里我们将会感觉到：一个计式的推论好似必须有两个前提的：一为原来的P，一为补充的 P ⊃ Q。前一个前提是与推论无如何的关系，仅有后一个前提方是一个有效的计式形式。这个有效的计式形式，可以说是罗素所谓逻辑的定理；而且我们还可以说：P 能否推论到 Q，是以逻辑定理的真假为标准的。

现在我们所能看到罗素的谬点，就是他的逻辑的计式的推论除了指示法 S 之外，一个定理的前提是必须假定的。实际上定理根本就不是一种推论法则的前提，仅是一种推论法则的补充品（das Einsatzstück）。譬如我们从 P 推论 Q，那么仅能根据下列的模式：

$$\frac{P}{Q}$$

补充以 P⊃Q 的定理，然后方形成一个 P⊃P⊃Q 的指示法 S：

$$\begin{matrix} & P & \\ P & & Q \\ & Q & \end{matrix}$$

譬如我们从 P 推论 P∨Q，那么我们也能根据下列的模式：

$$\frac{P}{P \vee Q}$$

补充以 $P \supset P \vee Q$ 的定理，然后形成一个 $P \supset (P \supset P \supset Q)$ 的指示法S：

$$\begin{array}{c} P \\ P \supset P \vee Q \\ P \vee Q \end{array}$$

总之我们欲从某一个形式推论其他的形式，仅须根据下列的模式：

$$\frac{\underline{P}}{}$$

补充以相当的定理，则结果一定会形成某个推论的指示法 S 的。定理在逻辑推论中的作用，可以说是将推论法则所缺少的部分补充成律，将某个推论形式补充以相当的定理形成一个指示法 S，所以它并不是如罗素所谓一切推论法则的前提，仅是指示我们如何给推论形式以有效的形式的方法，至于它的为真为假与逻辑的推论，更是风马牛不相及了。

定理是推论法则的补充品。关于这一点即使我们不知逻辑的定理之为一种同语反复，也会从逻辑推论形式的证明中而理解的。譬如我们欲证明 P 的推论与 $P \vee Q$ 的推论，那么我们将在 P 的前提所补充的 $P \vee Q$ 不须变动，如是这个推论法则成了：

$$P.(P.\supset.P\vee Q)=P$$

魏斯曼认为应用定理之为逻辑推论法则或逻辑形式证明，在原则上必须注意的一点，就是定理无论在逻辑哪一方面的活动，都不能当作一个独立的命题，仅能当作逻辑得数（logische Produkt）的一部分。否则我们不仅无法避免罗素的逻辑的错误，同时对于逻辑本质与作用都无法认识了。

罗素的逻辑的根本错误，就是他认为逻辑是以定理为根据的命题体系，殊不知定理的变动虽能破坏命题的本质，但不能影响逻辑的存在。从表面观之：好似逻辑是以定理为根据的命题而形成的，好似逻辑的命题是有所主张的有所否定的。不过因此我们不能不引为问题的：假如一个逻辑根据定理替代一个相反的定理，则结果是怎样呢？是否因此产生一个亚里士多德逻辑呢？这个逻辑与亚里士多德逻辑的关系是否如非欧几里得几何学与欧几里得几何学呢？魏斯曼对于这些问题的答复是绝对否定的：他认为罗素的定理的变动虽能破坏命题的本质，但并不能产生一种逻辑。而且因此而产生的“逻辑”“或者完全不是一种逻辑，或者是属于亚里士多德逻辑的”。

关于定理的变动虽能破坏命题的本质但不能产生一种逻辑的一点，我们容易用例子为之说明：譬如我们应用（$P.\supset.P\vee Q$）来替代罗素的定理 $P\supset P\vee Q$，同时其他的定理与推论的指示法 S 并不变动，假如我们现在从 P 推论 P∨Q，那么这个推论形式的指示法 S 的补充品，已经不是 P ⊃ P∨Q 而是～（P.⊃ P∨Q），就是这个推论法则已经成了：

$$P.\sim(P.\supset.P\vee Q)=P.$$

同时我们还给了“～”、“∨”、“⊃”的符号以特别的应用法则；这个应用法则与“不”、“或者”、“同”的意义是根本不一致的；而且我们还能认为：

$$\sim\sim P=\sim P$$

换句话说：“～”的符号已经不包含“不”的意义，已经不是“否定”的符号。即以“∨”、“⊃”的符号的性质而言，它们已经不是一种逻辑常数了，就是素以代表命题符号如 P，Q，R，也失去它们本来的意义了。

命题的本质虽已因之破坏无余了，但是逻辑并不因之而不成其为逻辑。因为我们既能根据真值的对照表（die Wahrheitstafeln）认识“～”、“∨”、“⊃”符号的意义，那么我们如将逻辑推论中的定理代以相反的定理，结果亦无伤于逻辑的推论的。我们将定理的文法法则的应用首先加以相反的假定，然后再将逻辑的定理替代以相反的定理，然后再用因此形成的推论法则而推论之，那么其结果所得也不异于前所推论的，譬如我们将 ～P. ⊃. P∨Q 当作一个逻辑的定理，同时我们根据这个定理将推论的指示法 S 加以变动，如是则这个推论法则就不是：

$$P.\sim(P.\supset.P\vee Q)=P.$$

而是：

$$P.\sim\sim(P.\supset.P\vee Q)=P$$

而且我们对于这个法则的应用，无论在推论上证明上都与以前的推论法则相同的。就是以逻辑的本身而言：它亦能仅如魏斯曼所说："因此而产生的逻辑或者不是一种逻辑，或者属于亚里士多德的逻辑。"

现在我们应当明白了吧！逻辑的定理并不是逻辑的基本前提，逻辑并不是以定理为基础的演绎体系如几何学力学。弗雷格与罗素想应用定理的理论根据，以证明逻辑之为演绎的命题体系之为演绎的理论。但是我们根据以上所说的则能判断：假如逻辑是一种演绎的命题体系或演绎的理论，那么我们是无法从逻辑的立场以证这个逻辑观念的。同时我们还希望弗雷格与罗素的逻辑理论与逻辑事实的矛盾性，现在已经根本地说明白了。

与友人在维也纳（1984）

十二　石里克的人生哲学简述

我们如想了解维也纳学派领袖石里克的人生哲学，那么对于他批评形而上学的理论必须先有原则上的认识。石里克认为形而上学从其本质而言，仅是一种“生活的基本感情”（das Gründsgefuhl des Lebens）；这种“生活的基本感情”虽不能为任何知识理论根据，但是对于我们精神的生活的启发和人生意义的体会，则具有特殊的作用的。石里克最亲近的友人，当代逻辑学家魏斯曼也曾说过：“我们如视形而上学为一种知识的体系如物理科学那样，那么石里克确实是反对形而上学的；不过假如我们视它为一种‘体验人生的基本感情的话’，那么石里克则是一个十足的形而上学家。因此石里克的理论哲学仅能与休谟、马赫、罗素、维特根斯坦、卡尔纳普相提并论，可是他的人生哲学则除伽耶尔（M. Gayer）、席勒（Fr. Schiller）之外，简直无相当可比拟的人了”。

从这种形而上学的基本感情而产生的石里克的人生哲学之主要点，就在于他的“梦幻的、狂热的、理想的乐观论”。石里克认为在人类的纯粹感情中所共有的，即为纯真的“爱”和天赋的“善”，因此我们如本着这个纯粹的感情之所作所为，则是无往而非“爱”，无往而非“善”的。而且石里克还郑重地指示我们所有过去曾共同生活的人们一定由于这种“爱”与“善”的吸引与融洽，而曾眷恋过爱慕过的，因为如他们所言，在我们人类这个纯粹的素质的接触中，我们自然会生一种内心的愉快；同时这种内心的愉快的情态简直“如同一个所热恋的人生与我们挥手的一刹那间”。所谓生活，石里克曾说过，不是别的，就是我们如何尽量地体悟那个纯真的“爱”和欣赏那个天赋的“善”而已。奥古斯丁说：“假如你内心充满了‘爱’，那么你就如你所欲而为，也是不会有错的。”我们如将奥古斯丁的话视为石里克的人生基本观念，视为石里克的人生思想的理论原则，我想是最恰当不过的。

从哲学上看石里克的乐观论，自然以他的“青春的哲学”（die Philosophie der Jugend）为根据。所谓“青春的哲学”是溯源于德国大诗人席勒，石里克仅照而用之。什么是“青春”的意义呢？无论是席勒或石里克都不将它当作一种“年龄”的表达，而将它视为一种对于人生意义的基本看法。石里克在他的名作“人生意义”里曾说过：“我们常说到‘青春的热情’，这是一种恰当的说法，因为热情总是青春时代所有的；一种事业的热情与青春的热情，是燃烧着同样的火焰与光辉的。”“就是以整个的文化价值而言，也不外乎如何使人类‘青春化’（die Verjungung）；‘青春化’自然具有一种哲学的意义，就是我们一切的作为不应为一定目的所支配；就是属于生活必然的事件，也应当视为一种‘游艺’（das Spiel）似的。”

“游艺”的概念在石里克的人生哲学中具有基本的意义。但什么是这个基本的意义呢？关于这个问题，席勒曾说过：“一个人仅有在‘游艺’的时候，方是一个纯粹完全的人。”石里克自己则说：“人生虽是一种‘游艺’，但不是一种儿戏。”换句话说：所谓“游艺”，无论在席勒或石里克的心目中并不是指游嬉玩耍类似儿戏的事件而言，而是他们对于人类那种绝对自由的、自愿的，或乐趣的，却不为任何目的所支配的行为之一种说法。石里克认为“一切科学文化的进展，都是人类精神‘游艺’的结果：科学家竭其终生之力从事探索宇宙之谜而不以所得为念者，就是这个‘游艺’的人生观的表现，就是这个‘游艺’的人生观对于人类的贡献：人类整个文化的进展与前途，都是靠这个人生哲学而产生的”。

石里克与席勒、尼采一致地认为我们的生活如在一定的目的支配之下，是毫无意义可言的，因为这样我们必须将“人类的纯粹感情”埋没了，必须将那纯真的“爱”和天赋的“善”掩蔽了，必须将为“生活而生活”以至于成其奴役了。所以石里克在他的“人生意义”中又说：“假如我们在一切生活中的作为，是以作为的本身为目的，是出于‘爱’，出于愉快，出于乐趣，是‘青春的热情’的表现，是‘青春’的活动的结果，那么人类已经得到最后的解放了，已经有了最后的自由了。”“生活，不是为生活的工具，而是本身就是生活。”这是石里克的人生哲学的名言，同时他本人还加以注脚：“假如生活永远是目的，而不是达到目的的工具，那么无论其生活得怎样，就是到了最后的绝望，也还是具有深刻的意义的。”

石里克的乐观论不仅有形而上学的感情为其根据，就是在社会伦理方面也还有它的理由的。石里克认为社会文化的发展与自然世界的发展，是原则上具有相似的步骤和天演的过程。这个观念就是它们唯一历史的和事实的解释。关于这一点，他曾用一般的文化的发展来证明。石里克说：“文化的最大功用，就在于将生活中凡是为生活的工具之一切，应当能使其变成有自己的独立的目的之作为。”事实上所有社会文化的发展都具了这个共同的趋向，而且这样文化目的的实现与文化生活的形成，到现在已经具体而发达到相当的程度了。譬如以前无论是“视”、“闻”、“言”、“行”等等，无一不为“生存竞争”的工具，“维持生命”的方法，现在则从原则上改观了：就是从“视”而到“观”，从“闻”而到“倾听”，从“言”而到“歌唱”与“吟诗”，从“行”而到“跳舞”与“运动”，从“性的调和”而到“恋爱”，从“艰苦的工作”而到了“自由的创造”等等，总而言之：以前许多专为生活的工具或方法，现在则已经有了它自己的独立的作用和目的，而且还成了文化社会中的必需品了。

石里克认为从“个人的倾向”中能产生有关个人的文化环境，从我们的“社会的倾向”中同样的能产生社会文化的传统。霍布士所谓人类根本就未具有“社会的倾向”，那么石里克以为霍布士这样的看法，是否具有现代社会人类学或社会心理学的根据，还是一问题，不过假如有的话，结果亦无损于整个社会文化的进展：因为如石里克所言，人类从“动机感觉”而到“事业感觉”的转向中，渐渐的由于互助的效果（譬如说交易的通融办法）而感到“爱”与“善”的乐趣，而且这类相似的事实在社会上是易于见到的，这是毫无理由可以怀疑的了。

从石里克的乐观论而产生的伦理观念，主要的在于他用“善”或者说“乐趣的感觉”来替代“义务的作用”。石里克认为一切伦理的事业和道德的行为，并不是由于某种“伦理的规范”的支配而得以产生，如康德所指示我们的那样，是我们本着人类的纯粹感情而生活的结果，或者说是我们有了“爱”的、“善”的、“乐趣”的、“愉快”的生活内容的表现。所以根据石里克的看法，道德的一切行为就其本质而言，是自发的充满感情的，自由而活泼的，而不是被动的为理智所支配的，强制而死板的，康德曾对于“义务”的观念以热烈的赞颂，石里克则用“善”以替代康德这个伦理的基本概念，同时他对于善的赞颂（在他的伦理学问题的卷末）也如康德之“义务赞颂”一样，久为世人所传诵了。

不过石里克曾郑重地告诉我们，所谓“乐趣的感觉”之为“善”的内容，在事实上有“真的深刻的善”与“假的表面的善”的两种，前一种的“善”是固定的彻底的，难为外物所转移的，至于后一种的“善”则是软弱的游移的，易为一时感情而动摇的，石里克曾说，“假的表面的善”是有害于“真的深刻的善”，因为他在经历中所表现的，仅有满足了适应当时环境的乐趣，可违背了我们从“生活的基本感情”而发的作为，但是“真的深刻的善”则是自始至终一直往前，好似我们内心的倾向在那里不断地统制那样，所以他所表现的处处是富于个性和情感前后一致的彻底的行为了。

我们从石里克的伦理观而看到他的人生哲学，好似近乎伊壁鸠鲁式的“享乐论”。固然我们在原则上不能否认石里克是一个享乐论者，不过，他主张的所享之乐并不是一种恣情纵欲的乐，而是一种崇高的具有精神因素和富于情感内容的乐趣。还有石里克对于知识和科学与文学艺术的看法也与一般的享乐论不同（就是伊壁鸠鲁也还非难纯粹科学和文学艺术），由此更可以明了他所享的乐是何种的乐了。石里克认为无论为科学为文学为艺术，都是我们为体会那个从我们的纯粹感情中而产生的“爱”与“善”所必需的。关于这一点，他曾反复地说过，生活本身是无甚价值可言的，他的价值是在于他的内容，在于他的“乐趣的感觉”的满足。科学如同其他的学问及文学艺术一样，不过是从不同的事实方面，能充实我们的精神生活和满足我们“乐趣感觉”的。知识之为生活内容的价值不是因其能为“维持生存”的工具，而是因为他本身就是一种生活的内容。至于所谓“善”也并不是因其有天赋的价值而善，如一般的哲学家所主张的那样，而是因为他能使我们满足“乐趣的感觉”而“善”，所以科学的知识的价值也在此，就是他也能使我们满足“乐趣的感觉”，使我们“爱”愉快而已。

石里克认为能无限的体会这个崇高的精神上和感情上的乐

趣以至于最能把握人生的意义的，莫过于诗人、音乐家，其中尤其是诗人。仅有他们方才具有人未具有的智慧，将人生置于诸理想的境界中，而后加以模拟，加以欣赏；“理想的人生、代表的人生，就是音乐家、诗人的人生”。石里克是以擅于钢琴闻于世，不过石里克终生还引以为大憾的，“就是他能成一哲学家，而不能成一个诗人”。“我们都是被阻碍的诗人吧”（Wir sind alle verhinderte Dichter）这句话时常地出自他的口中，这或者是他之不能成为诗人的“自慰语”吧。

总之，石里克认为“爱”与“善”的内容的愉快和“乐趣的感觉”以至他们所享的快乐，都与“人生创造的活动”是根本不能分离的，仅有创造、不断地创造而后方有愉快之可言，而后方能满足我们“乐趣的感觉”，而后方能享受崇高的“真的深刻的快乐”。仅有创造的人生才能当得起这个“真的深刻的快乐”的源泉，才能引导我们到“青春”的境界和达到“游艺”的人生了，石里克在谈到他的人生意义时还说：“人生意义得在一个时候达到最高峰，就是从创造的人生中而渐渐地接近‘青春的境界’。我们到达了这个境界的边境就有些人在与我们挥手和欢呼，他们似乎是说：到达这个境界里我们能无限欣赏人生并了解所谓生活就是庆祝生存的意义并加以亲自体会了。”

维也纳大学授予洪谦先生荣誉博士学位，以纪念他获得
博士学位50周年（1984）

十三　介绍石里克的《普通认识论》

I. 介绍石里克《普通认识论》(第一版)

(一)维也纳学派创始人莫利兹·石里克的哲学以及他这部名著《普通认识论》(*Allgemeine Erkenntnislehre* Berlin Springer 1918 E. A. 1925 Z. A.)的第二版作者已经分别为之介绍过。这里所介绍的为本书的第一版，是于1918年出版的。这本书的第一版从石里克晚年的哲学思想观之，似乎有点陈旧或不适用。但是假如我们想了解石里克从“批判的实在论”而到“逻辑经验论”的思想转变过程，那么对于本书这一版的认识是较之第二版，尤为重要：因为本书的第二版中的石里克已经走上“逻辑经验论”的道上，已经脱离了“批判的实在论”的立场了。因此我们对于这本书第一版的介绍，对于石里克的哲学甚至对于维也纳学派的哲学发生兴趣的人，还是非常需要的。

（二）本书的第一章是以分析“知识的本质”为对象。在这一章内石里克提出一个关于认识论的基本问题：就是从认识论的立场而研究“知识的本质”的目的是什么？石里克认为一切关于认识论的问题，是在于分析科学基本命题和概念的逻辑意义，它实际上就是哲学。因此哲学就其本质而言，并不是一种在科学以外或超科学的科学，而是一种教我们如何精确而明白的了解科学真理的方法，它的唯一的任务是在于科学的意义，而不在于所谓“特殊的实际真理体系”的构成。关于实际的真理体系的构成，或实际的知识系统的建立，则是纯粹的科学问题了。

什么是纯粹的科学知识？或者用哲学的说法什么是科学的“知识的本质”？石里克认为科学的知识本质从原则上而言，不外乎是“同样的事物而在不同的对象中之发现”而已。譬如说吧：我们开始把“光”的知识视为一种“波动的现象”，久之我们又发现这个“波动的现象”为一种“电磁的作用”，如是我们现在所谓科学的“光”的知识，就不外乎是一种“电磁的波动现象”，我们在物理学中的“光”的定义，就是所谓“电磁的现象”，是一种用符号表现的数学公式，并非是我们意象间所发生任何的作用。虽然一切知识的成立不能无意象间的比较，但是这个意象间的比较不是知识的基本条件，而是在科学知识之所以为知识内就假定了。凡是一种精确而普遍的科学知识，仅能应用概念的语言、数学的公式为之表达，为之叙述，而后才有其可能性。这就是说，科学的知识从其本质而言，确能以“形式的构造”为其内容，“关系的体系”为其对象，它事实上仅是一种数量的形式的理论系统罢了。

科学既然是一种概念的理论体系，如是所谓“概念”的意义不能无有说明。石里克认为“概念”根本就不是所谓“普遍的意象”，而是“按着某种定义法则对于一类事物所构成的一种普遍的统一的符号”。我们应用概念的语言虽能使实际知识精确化，但不能以之证明实际知识的“真”“实”性。仅有以纯粹形式为对象而与实际无关系的知识，方才具有绝对不可怀疑的“真”“实”性。属于这样精确而真实的范围内的科学，是数学、几何学。数学、几何学之所以有此绝对的精确性真实性，是一因其为一种“蕴涵定义”的体系。换句话说：数学、几何学之能有如此的绝对性，完全以其仅以纯粹形式的定义为其对象，丝毫与所谓“直觉”或意象无关系的。一切的知识仅能从判断中而产生，至于所谓“判断”在实际上的意义，则是一种“事实的成立”的表达或说法。石里克认为有了判断的存在，而后才有知识，才有“真理”和真理的体系。至于所谓“真理”石里克所告诉我们的，并不是“思想与客体的一致”，而是一种“判断与事实一致的配合”。譬如说：“电光是成于加速波的微粒”；这就是一个与事实不能一致配合的判断：因为“波动”与“微粒”之为电光的假设是属于两个不同的理论体系，就是一个属于Körpertheorie，一个属于Emisiontheorie，是两个不同的事实。所以它就失去能与事实一致配合的可能性了。

石里克在本章之末还将知识之目的加以说明。根据他的看法，知识唯一的任务和贡献是在于能指示我们它的确实而普遍的真理，可不在于“广泛的应用”。从生活上出发的直觉的知识观念，是不可能的，因为直觉虽能在生活方面有伟大的意义，但不能成为科学知识的条件。直觉的对象在于体验的内容，知识的对象在于构造的形式，在哲学史中往往对于这点不加以区别，所以才产生许多形而上学。

（三）本书的第二章是以“思维问题”为对象。在这一章内石里克将知识的主要点指示我们，而后由之确定思想在知识中的位置。石里克认为知识的最大作用是在于将实际知识如何整体化统一化。因此知识之所以为知识，不能无逻辑的组织和演绎的作用，同时我们欲了解知识的内容也不能对于逻辑的和演绎的本质无正确认识。石里克如康德一样主张凡是具有分析性的判断，与经验完全无关，对于事实无所叙述，它仅是一种“同语反复”。不过石里克认为数学与几何学也是一种分析判断，而不是如康德所谓“先天综合判断”。康德的“先天综合判断”是原则上不可能的，因为凡是综合判断都是后天的，仅有与经验无关的分析判断才是先天的。事实上康德的“先天综合判断”不仅是违背逻辑的联系，就从事实方面而言，自从相对论量子论之为现代科学的理论基础以后，也就失去其科学根据了。康德不是以为欧几里得几何学之为实际空间的形式是一种先天的判断么？但是相对论的空间就不是欧几里得的而是非欧几里得的。从这一点上我们就可明了康德的“先天综合判断”之为科学的假定，根本失去意义而不可能了。

所有关于实际知识的真假性或效用性，从其本质观之，既不能以康德、彭加勒所主张的“先天知识”为基础，也不能以胡塞尔（E. Husserl）等所谓“自明”原则为根据。它的唯一事实上所依据的是在于“证实”，在于观察，这就是在于“判断与事实的比较”而已。

（四）本书的第三章是以“实际问题”为对象，同时我们将它可分作三点：

第一点是所谓“实际的假定”问题。这个问题就在于一切哲学家所举的“实际特征”是否能代表“实际的自体”？石里克认为一般的“实际特征”从其假定方面而言：是在于它的“时间的确定性”。这个“时间的确定性”之为“实际特征”是绝对的唯一的。凡是具有一定的时间而能用概念的语言叙述的，都是实实在在而不能有所怀疑的。哲学上所谓内在的实在观，其中尤其是实证论者马赫最为典型，石里克是彻底反对的。他认为并不是只能为感觉的对象的事物是实在的，就是马赫认为无实在性的科学概念如原子电子磁场等等，也是实实在在的。石里克虽不以内在的实在观为然，但对外在而不能有所证实的形而上学实在如“绝对实在”等，也是持异议的，因为这样的实在，事实上与理想中、幻觉中之所谓实在是无可区别的了。

第二点是所谓“实际的知识”问题。从“实际的假定”而看到“实在的本质”，好似事实上有所谓“所假定”与“被假定”的两方面。这两方面就如康德所谓“现象”与“物自体”。不过康德认为一切科学知识仅在于“现象”，至于所谓“物自体”，我们对之不能有所知所识的。石里克对于康德这样的科学知识观则根本反对，他以为这样知识观的产生是由于一般的哲学家不了解知识之所以为知识的事实，即“物自体”仅是不能“直观”，但并不是不能认识，认识是形式的，不是“直观”的，所以不能“直观”并不是就不能认识的。

就是心理学与物理学事实上也不是两种完全不同的知识境界，只是由于两种知识上的“概念构成”的不同，所以它们好似有明显的原则的不同了。

第三点是所谓“实际知识的效用性”问题。石里克以为一切实际科学在原则上都是“假设而演绎的”，所以一切科学命题事实上仅是一种相对的科学假设或假定。在这里康德的“先天综合判断”再一次更番的被驳斥。数学几何学的命题是分析的，所以是先天的，自然科学的命题是综合的，所以是后天的；前者的效用性是以“定义的假定”为根据，至于后者的效用性则是以“归纳的原则”为基础。但是归纳的证实在原则上就无逻辑的理由，于是我们由之而所能得到的，仅能以“或然的作用”（die Funktion der Wahrscheinlichkeit）为满足罢了。

（五）本书第一版的要点，就在于如上所述的几点。假如我们想进一步了解石里克在“批判实在论”时期的思想，那么本书的第二版是不能不读的。

II. 介绍石里克的《普通认识论》（第二版）

莫利兹·石里克的《普通认识论》的第一版，作者已经为之介绍过。这里再为其介绍的，是本书的第二版，它是1925年出版的。本书第二版与其第一版的不同点，就是他经过许多的增减以后，我们对于本书的要点，比较的易于了解，易于认识。本书的主要点我们大概可分为三点：

（一）从区别“体验”与知识的作用中而说明形而上学之不可能；

（二）从否定康德的“先天综合判断”中而建立“逻辑经验论”之理论基础；

（三）从解释马赫的实证论与维也纳学派的实证论的不同点中而确定“逻辑实证论”之思想原则。

关于第一点，石里克认为我们欲彻底说明形而上学在知识理论中的意义，则非根本区别“体验”与知识在实际上的作用不可。一切实际的知识，原则上只是一种形式的秩序关系的假定，同样的对象而能在不同事实中发现，种种不同的事实而能从相同概念上说明，甚至于科学之最后目的，亦在于知识的“经济原则”的努力。虽然“体验”是知识的起点，知识的原料，但知识并不因之而成了“体验”，“体验”亦不因之而成了知识。因为知识与实际的可能关系，不在它们的“质的一致性”，而在他们的“构造的相似性”。所以知识的内容，是形式的符号的构造体系，至于“体验”的内容，则是一种所谓“意识的流”，或者说是一种“存在的质的直觉”，他们是根本不相同的。

我们对于一种质的对象，或者说体验的内容，虽能用语言为之标记，但并不能用形式的概念为之表达；因为凡是原则上所能表达的对象，仅是纯粹的形式关系，或者说“构造命题”。譬如我们见到一种颜色，或感到一种乐趣，虽能“理会”什么是颜色，什么是乐趣，但并不因之而“认识”什么是颜色，什么是乐趣。关于一切质的体验的命题，如这是红的，这是绿的，我的牙是痛的等等：虽然也有它的意义，但是这个意义是主观的，指示的，而不是客观的，说明的。因此我们仅有从“形式”上所得的意义，方合乎知识的概念，至于从“内容”上所得的意义，在生活上虽有其作用，但对于实际的知识理论是毫无相关的，关于这一点，所有的形而上学家均无相当的认识，所以其结果就不免如石里克所言，形而上学家的努力一向是看错了方向，他想将纯粹的体验内容当作一种知识去表达，这就是想将不能“理会”的意义加以“理会”，不能“认识”的意义加以“认识”，岂知一切体验的对象是原则上所不能表达的，所不能“认识”的，仅能直接的“体验”、直接的指示出来，但是这样对于任何的知识理论，是毫无意义可言的。

形而上学之为实际的知识理论是不可能的，他之所以不可能的原因，并不在于“人类未具解决形而上学问题的理智”，而在于形而上学家一向认错了知识的概念，和误解了知识的内容。所谓直觉的形而上学是矛盾的，因为直觉仅能以能“体验”的为对象，但直觉的形而上学家偏欲从直觉上得到超“体验”的知识；演绎的形而上学是错误的，因为演绎的形而上学家，根本误用了演绎的方法：一个在逻辑上不能得到结论的事实，他偏想从演绎的推论上得来。归纳的形而上学是无意义的，因为归纳所能给我们对于实际认识的可能性，仅在于从许多个别的事实中而推论到一种普遍的事实，它只能给我们对于某个知识在同样的范围之内以整个的观察基础，可不能在任何条件之下，给我们以建立一种形而上学的根据的。

形而上学之为实际的知识理论虽不可能，但还能引起人之信仰和崇拜者，即因他是超经验的，近乎理想的。它能满足我们感情上的要求，和充实我们内心中的“体验”，如同诗人艺术家之对于他们诗歌艺术作品一样。虽然在哲学中见不到所谓“蔚蓝的天空”，或“碧绿的草原”，但是它之所谓“灵魂的不死”，“上帝的存在”，“意志的自由”，又何尝不是一种富于理想性、文学性的词句和论调呢？维也纳学派称形而上学为“概念的诗歌”，就是溯源于此，至于它仅仅认为这是对于形而上学唯一的合理解释，也是以此为根据的。

关于第二点，根据石里克的看法，关于知识的命题，事实上仅有两种：就是综合命题与分析命题。综合命题是以所谓“经验真理”为对象，是一切包含实际知识的科学命题。凡是包含实际知识的命题，都是对于事实有所主张，所以这一类命题的真假性，必须以其所主张的事实为根据，从这个事实之肯定或否定中加以判断，是无法从任何形式条件中证明的。所以一切综合的命题，从其效用性而言，是“后天”的，而不是“先天”的。至于分析命题则不然，它是以所谓“形式真理”为对象，是一种分析形式的关系和命题的结构的叙述。一切逻辑的、数学的命题，都是分析的命题。分析的命题既以纯粹的形式关系为对象，所以它是对于事实无所表达的，无所叙述的。它仅是一种同语反复而已。因为它既是一种同语反复，那么它在任何条件之下，是不失其为真的，那么这一类命题的效用性，自然是“先天”的，而不容有所怀疑的了。

但是康德则认为这两种命题不足以说明所有的知识概念，如是在它们以外还主张一种“先天综合判断”，所谓“先天综合判断”，是以“经验真理”为对象，但具有分析命题的先天性。同时康德还认为数学与自然科学都是一群“先天综合判断”的理论体系，都是属于“先天综合判断”范围内的科学。不过从现代科学的发展结论而言，康德的先天论的知识观，就失去事实上和理论上的根据，因为现代几何学中如希尔伯特的几何学，是以纯粹的形式关系为对象，是以定理为理论的最后基础，是一种纯粹演绎的形式体系；它既无须任何综合的成分，也无任何直觉的作用，它是一种先天的判断，但是一种先天的分析判断，而不是一种“先天综合判断”。还有康德认为欧几里得几何学与实际空间的关系，也是一种先天的知识，一种“先天综合判断”；不过从相对论的时空观念而言，几何学与实际空间的关系，并不是一种“先天综合判断”，而是一种“后天”的综合判断，因为它们这种关系的标准与物理学中其他的度量标准并无不同：就是我们对于它们的关系的判断，也只能从经验上去确定，可无法从所谓“纯粹直观”上可以预知的。此外康德还主张属于“先天”的综合知识的，还有因果律之为自然律的实际形式和理论基础。可是由于量子物理学的发展，因果律之为“叙述自然”和“说明自然”的基本形式，不但不可能，而且事实必须放弃的。所以在现代物理学中所应用的自然律的标准不是个别的因果律，而是集体的统计律。因果律在科学上之无应用可能性，自然不是证明它从此失去实际上的作用，仅是指出它之为科学的“先天假定”是根本不可能的，康德的“先天综合判断”也是根本不可能的。

所有关于知识的命题，既然不外乎是综合命题与分析命题，一种第三种的命题无论它是怎样的命题，都是不可能的。那么假如一个命题对于事实有所叙述，有所表达，则它就是一个综合命题；假如一个命题对于事实无所主张，而专以纯粹的形式关系为对象，那么它就是一种分析命题。凡是属于综合的命题，在事实上都无先天性，凡是属于分析的命题，在原则上就无后天性。康德将分析命题的先天性移植于综合命题之内，我们已将其不可能性说明了；反之，穆勒综合命题的后天性应用于分析命题之上，所以他的“彻底经验论”就因之也无成立之可能。一种彻底的或“逻辑经验论”的成立，在原则上就必须对于这个知识命题应有的性质有所认识。因为石里克对于这一点已有了理论上和事实上的认识，维也纳学派的“逻辑经验论”的成立，自然不是偶然的了。

关于第三点，石里克的哲学，人多称之为实证论，一种由马赫、波尔兹曼所传下来的实证论。石里克认为这个名称加之于他的哲学，不但不适当，而且有引起对于他的基本思想的误解之危险。关于这一点，我们从石里克对于实在观念的批评中，即可了解马赫等的实证论的实在观念，著名的是以感觉为实在的标准，凡是在感觉以外的科学观念，则不是“逻辑的组织”，就是“思想的方法”。但是石里克则认为这是一种根本不可能的实在观念，因为事实上，我们易于见到的，科学中的有效公式、原子、电子、电磁场等对象，都是不能感觉的，我们难道能如马赫所言，否定其实在性么？我们宁可视一切能感觉的对象，如色香味触是真正的实在，但是科学中的理论的形式的对象，则视为一种“逻辑的组织”或“思想的方法”么？事实上，马赫所未认识的，一种真正实在的对象，并不在于本身之能否感觉，仅在于原则上能否经感觉的证实：凡是不能经感觉的证实而仅能感觉的，都不是绝对实在的；反之，凡是仅能经感觉的证实而不能感觉的，都是绝对的实在。马赫以感觉为科学的实在标准，以“感觉的复和”为科学实在的根据，结果，不但未将科学的实在性加以说明，不但未将他所敌视的实在论的形而上学加以打击，反而本身已经沾上“唯我论”的色彩了。

还有我们从石里克对于马赫的实在观念的批评中不难见到的：维也纳学派的实证论与马赫等的实证论的基本不同点，就在于后者认为凡在理论中的形式的逻辑概念和解释，都是将科学导入形而上学境界的源泉，但是前者则视为哲学之所以为哲学，就是对于科学的理论对象给以合乎概念的逻辑的解释。这一点对于维也纳学派之为逻辑的实证论的理论发展，具有重大的意义。所以维也纳学派的实证论不是一种传统的实证论，是一种具有科学的逻辑的根据的实证论，追源溯本，自然不能不归功于石里克了。

我们根据本文所述本书的三个主要点，就不难认识石里克在1925年以后思想的发展与1925年以前是连贯的，是前后一致的，所以这本书不仅是了解在所谓“批判的实在论”时期中的石里克的思想是必须读的；就是了解在所谓“逻辑经验论”时期中的石里克，也是必须读的。希望对于维也纳论派的哲学发生兴趣的人，能将本书的第二版好好的一读吧！

NOS RECTOR UNIVERSITATIS LITTERARUM VINDOBONENSIS

ERNESTUS TOMEK

SS. THEOLOGIAE DOCTOR PROFESSOR HISTORIAE ECCLESIASTICAE PUBLICUS ORDINARIUS

ADOLPHUS FRANKE

PHILOSOPHIAE DOCTOR PROFESSOR CHEMIAE PUBLICUS ORDINARIUS

ORDINIS PHILOSOPHORUM H.T. DECANUS

IOSEPHUS NADLER

PHILOSOPHIAE DOCTOR PROFESSOR SCIENTIAE LINGUAE ET LITTERARUM GERMANICARUM PUBLICUS ORDINARIUS

PROMOTOR RITE CONSTITUTUS

IN

VIRUM CLARISSIMUM

TSCHA HUNG

E SUSIENG IN SINIA ORTUM

POSTQUAM ET DISSERTATIONE CUI INSCRIBITUR: „DAS KAUSALPROBLEM IN DER HEUTIGEN PHYSIK"
ET EXAMINIBUS LEGITIMIS LAUDABILEM IN PHILOSOPHIA DOCTRINAM PROBAVIT

DOCTORIS PHILOSOPHIAE NOMEN ET HONORES IURA ET PRIVILEGIA

CONTULIMUS IN EIUSQUE REI FIDEM HASCE LITTERAS UNIVERSITATIS SIGILLO SANCIENDAS CURAVIMUS.

VINDOBONAE, DIE XIII. MENSIS IULII ANNI MCMXXXIV.

I. Nadler m. p. *E. Tomek* m. p. *A. Franke* m. p.

TITULUM HOC DIPLOMATE CONLATUM DOCTORI SUO

TSCHA HUNG

QUI OMNIBUS FERE LITTERIS BENE INSTRUCTUS IMPRIMIS PHILOSOPHIAE AUSTRIACAE OPERAM DEDIT, QUINQUAGINTA ANNIS POST DIEM XIII. MENSIS IULII ANNI MCMXXXIV. FELICITER PERACTIS ORDINI FACULTATI SCIENTIARUM FUNDAMENTALIUM UNIVERSITATIS VINDOBONENSIS RENOVARI PLACUIT.

VINDOBONAE, DIE XIII. MENSIS IULII ANNI MCMLXXXIV.

H. T. UNIVERSITATIS RECTOR

H. T. DEC. FAC. SC. FUND.

维也纳大学荣誉哲学博士学位证书（1984）

十四　介绍维特根斯坦的《逻辑哲学论》

维特根斯坦的《逻辑哲学论》Ludwig Wittgenstein: *Tractatus logico-philosophicus* 189 S. Kegen Paul, London 1922. Deutschengl. Paralleausg.（Anch u. d. Titel *Logisch-philosophische* Abhandlung），是现代哲学中影响最大的一部书。它对现代哲学的影响，我们从维也纳学派哲学中，即能窥见了。维特根斯坦这部书，因其思想精深，立论严整，叙述简略，所以在了解上已属不易，毋庸说是理论地叙述或系统地介绍了。本文之所谓“介绍”者，简言之就在于使人知道这部哲学巨著，注意这部著作而已。

维特根斯坦在这部书里是想建立我们语言的逻辑基础，或者说建立一种能表达我们思想的符号体系的逻辑基础。维特根斯坦以为假如我们确能用语言传达思想或表达事实，则在我们“世界的事情”（die Sachverhalt der Welt）与我们“语言的命题”（die Aussage der Sprache）中必须有一种基本的关系。维特根斯坦是肯定这样的关系的，同时还称我们语言的命题就是世界上“事情的逻辑表象”（die logische Bild der Sachverhalt）。一切思想说话表达传达等等从维特根斯坦的立场而言——仅是从不同的方式中对于世界一种逻辑的模写（die logische Abbildung）。所有事实上不能模写的不能成为命题之对象的，则它就失去了用一切语言表达的可能性，则它就根本不能传达不能有一定的说法将其说出。

维特根斯坦从肯定“世界的事情”与“语言的命题”的基本关系中所欲的，不仅是给思想对象以限制，不仅是将我们的思想以限制，而是给我们思想在表达上以限制。固然维特根斯坦并不否认在世界上许许多多的对象，是根本不能表达的，但是这些我们从语言中或者语句的构造中即不难从它们的逻辑性上“指示”（“zeigtsich”）出来。譬如说这是红的或绿的以及形而上学中所谓“灵魂不死”、“意志自由”、“上帝存在”等命题。维特根斯坦的“语言批评”（die Sprachkritik）的最大贡献：自然在于世界的许多事情在原则上是“能说出的”（das Sagbare）或“不能说出的”（das Unsprechlichen），以基本的区别，这是无可怀疑的了。

维特根斯坦更应用他的“语言批评”的结论于许多哲学问

题上，如是我们从明了许多问题的语言应用中和许多问题的逻辑本质说明中，其相关的问题就得到了以前从未想象到的答复。譬如说我们对于逻辑的本质已经认识，则知道逻辑只有“一种逻辑”（die Logik），而无所谓其他性质的逻辑。或然性的概念经过了语言逻辑的说明，亦显出或然性之为理论概念，是对真理在命题中一种不同程度的可能性的拟说，其本身根本不是一种真理如所谓“或然逻辑家”所主张。

维特根斯坦的“语言批评”对于哲学更具有高深意义的，即为对于传统的哲学观念的修正，对于哲学本质的说明。维特根斯坦认为一种能表达事实传达思想的“哲学知识”，根本就无其事。所以哲学如他所言，在原则上就不是一种“学”，而是一种“活动”，或者说哲学不是属于理论的科学，而是一种分析科学基本概念的逻辑方法。至于它的任务和目的，维特根斯坦又说不外乎是划分明确的思想与含糊的思想，发挥语言的作用，限制语言的乱用，确定有意义的命题与无意义的命题，辨别真的命题与似是而非的命题了。

维特根斯坦既认为哲学研究所能得到的结论是如此，所以他就说明他这部《逻辑哲学论》所能给我们的，仅在于如何看出或修正语言在应用上的谬点，同时如何的不至重踏这覆辙的途径与方法。在这个意义之下，维特根斯坦这部书，自然不是一种理论的表现，仅是一个达到那个哲学目的或完成那个哲学任务的途径与方法而已。所以维特根斯坦在本书的卷末就说："我的语句是那样解释的，就是了解我的人对于它最后所认识的，仅是许多无意义的语句……"，"他必须将它们取消，然后对于世界才有明见"。

维特根斯坦这部书在了解上既不容易，所以作者之为"介绍"者在这方面就不能无言。这部书虽然思想艰深，立论严整，兼之叙述更欠详尽，但是它的中心思想和主要问题，我们仍不难集中几个要点和归纳若干问题。根据作者在维也纳时与魏斯曼先生、谢希特尔（Tschächter）同学对于这个问题的研究结果，大约能归纳到下列的几点，特录出以为研究此书的人之参考：

第一点　语言的逻辑基础

（一）事情的逻辑表象分析

（二）命题与语句的本质

（三）关于Atomsätz

（四）语句符号与语句函数

（五）逻辑语法与逻辑章句

（六）叙述语句与解释语句

（七）关于语言的语言

（八）语言的界限

第二点　逻辑的本质

（一）意义与意思

（二）真理与错误

（三）关于真值函数

（四）同语反复与不相容性

（五）同一性原则批评

（六）或然性概念分析

（七）多值逻辑之不可能

（八）逻辑与语法

第三点　“语言批评”与哲学

（一）哲学的本质

（二）自然认识与形式认识

（三）因果律与归纳法

（四）或然性与统计律

（五）关于实在性问题

（六）唯我主义批评

（七）关于伦理学美学

（八）何谓神秘主义

魏斯曼曾著有《逻辑、语言、哲学》一书，乃专门解释维特根斯坦的《逻辑哲学论》者，石里克曾以之作为他与弗兰克所主编的“科学世界观丛书”的第一册。惜乎魏斯曼立言过于慎重，所以此书迄未公布于世。否则以其对于维特根斯坦研究所得之结果，对于我们了解维特根斯坦哲学之人，以莫大的帮忙，这是无可怀疑的。

十五　介绍卡尔纳普的《宇宙的逻辑构造》

鲁道夫·卡尔纳普是当代的大逻辑学家和哲学家，是维也纳学派中的主要人物。他战前曾执教于维也纳大学和布拉格的德国大学，现在美国哈佛、芝加哥等大学讲学。卡尔纳普教授关于逻辑和哲学方面的著作甚多，这里所介绍的《宇宙的逻辑构造》就是他的主要著作之一，德文名为*Die logische Aufbau der Welt*，是1928年在柏林出版的。

本书之主要目的，是在于对所谓“概念的构成理论之研究”（Versuch einer Konstitutionstheorie der Begriffe）。卡尔纳普教授认为概念的“构成理论”的对象，就是我们如何建立一种“构成体系”（das Konstitutionssystem），或者建立一种“一切概念的基树”（ein Stammbaum der Begriffe）。根据他的看法，我们有了这个“一切概念的基树”，则所有科学的概念都能由之而推论，而定义，而构成了。

所以“构成理论”的主要任务：就是“一种包含一切科学的概念的构成体系”的建立。卡尔纳普教授认为在科学中的基本概念，或者说一切科学的概念最后必须归导到这个基本概念，事实上不外乎对于“直接的所与”（das unmittelbare Gegebenen）或者说“体验的联系”（die Erlebenisverknüpfung）的“确定”（die Bestimmung）。这样科学的基本概念既然能称为“一切科学概念的基树”，那么一切科学的概念必须能最后导归到这个基本概念，那么一切科学的命题在原则上都能用我们叙述这个基本概念的命题而“翻译转来”（Rückübersetzen）[1]了。

一切科学全是“非主观的”（intersubjektiv）[2]，这就是说对于所有的主观都具有同样有效的知识内容的，所以“构成体系”仅能以“我”或“我的体验”为扩张的基础。从本书研究所得的结论而言：虽然这个“构成体系”仅能从“我”的基础上而构成，但是它对于每种“非主观的”的作用和目的，都能完全达到的。这就是卡尔纳普教授所主张的“方法的唯我论”（der methodische Solipsismus）与哲学史的“唯我论”的基本的不同点。

① 今译作“倒译”。——编者注

② 今译作“主体间性”。——编者注

卡尔纳普教授认为不仅从“我的体验”的关系中能构成“其他的个人的心理对象”（die anderen eigenpsychischen Gegenstände），而且还能构成一切物理的对象：因为一切关于物理的知识最后是不能不导归到感觉，而经感觉证实的。同时我们从物理的对象中亦能将“客观的心理的对象”（die fremdpsychischen Gegenstände）加以构成，加以认识。这个常常被人怀疑事实上可能的，卡尔纳普教授应用行为论的知识方法而将其说明了，将其肯定了。

再进一步我们还是根据许多“非主观的”命题而将宇宙的事物从逻辑方面联系起来，这就是卡尔纳普教授所谓“宇宙的逻辑构造”的第一步了。

所谓“构造体系”的事实基础既定，如是卡尔纳普教授就接着研究一切概念的导归性（die zurückfahrbarkeit）的逻辑方面。在这里卡尔纳普教授就应用许多现代逻辑的方法和技术，尤其所谓“关系理论”（die Relationstheorie），更显出它的作用和活动了。

此外，卡尔纳普教授从这个逻辑的导归性立场以证明所谓“构成体系”在理论上、形式上、方法上、应用上的逻辑根据，于是乎所谓“宇宙的逻辑构造”就完成了。

本书最后是应用对于这个“概念的构成理论”所得的结论

说明传统的哲学问题，尤其是所谓“实在性问题”它所指示我们的结论；即为无论实在论、观念论、现象论所主张的实在概念，都是不能导归到由“构成体系”所确定的基本观念的，因此它就未具有事实的意义了。但是这并不是肯定在原则上有所谓“不能解决的问题”存在，因为每个科学的问题都应当由它在“构成体系”中的位置关系能说明的，能解释的。假如某一个问题在“构成体系”中根本就无位置关系可言，那么就是表示它在这个“构造体系”之外，那么这一类的问题根本就不成其为实际的问题，它仅如维也纳学派所谓“似是而非的问题”，哲学史中这个“实在性问题”，在事实上就是这一类的空洞而无意义的“似是而非的问题”而已。

还有卡尔纳普教授大约在一九三五至一九三六年间所发表的一部主要著作，就是《语言的逻辑句法》（*Die logische Syntax der Sprache*）。这本书有英文译本名为*The Logical Syntax of Language*，1937。以外还有由他本人用英文写成的一部名为*Philosophy of Syntax*（1935）的书，都是我们想了解卡尔纳普教授近年来的逻辑的哲学的思想的发展所必须读的。

洪谦先生在维也纳（1984）

附录：

一、维也纳学派与现象学派

（一）

“先天”（apriori）一词在哲学上的应用，至康德才得到明确的内容和意义。康德之所以能给先天概念以明确的内容和意义，溯其原因，自然不外乎他能将此概念的应用范围，从原则上加以限制。根据康德批判哲学的思想原则，先天概念在实际上的应用对象，只在于“经验的形式”，而不在于“经验的原料”，或者说仅在于“现象”，而不在于“物自体”那方面的。

但是德国现象学派中人物如胡塞尔（E. Husserl）与舍莱尔（M. Scheler）竟认为如此的先天观念乃康德哲学在理论上的最大缺点。无论是胡塞尔或舍莱尔都主张先天概念的应用原则不应以“知识的形式方面”为其范围，甚至于为之限制。他们都以为具有先天性的实际命题，同样的对于形似“物自体”的“物质的内容”或“经验的原料”，能有所表达，有所叙述的。胡塞尔在他的名著《逻辑研究》（*Logische Untersuchungen*）中所以说：“所有康德的理性批判在原则上的含混性，最后是不能不归咎对于康德缺乏一个真正现象学的先天概念……”舍莱尔在他的《伦理学中的形式主义与物质的价值伦理学》（*Der Formalismus in der Ethik und die materialen Wertethik*）中也说：“‘先天的’与‘形式的’同一观，无疑的是康德学说的基本错误，而且从康德整个理性批判观之是最易于见到的。”

（二）

事实上从康德整个的理性批判观之，康德将“先天的”与“形式的”视为一物的两方面，是必然的，是康德批判哲学的特点。康德不是认为一切实际知识的可能，完全因某种实际对象之能否接受其“思维形式”或“范畴”的表达或叙述么？这样的“思维形式”或“范畴”之为实际知识的“必然形式”，康德认为是具有绝对的普遍性、先天性的。因此一切关于实际知识的命题，才能是一方面对于实际事物有所叙述，一方面又不失其普遍的先天作用。简言之，才能成为一种“先天的综合判断”。

但是现象学派中人就忽视了康德哲学这个理论上的主要点，于是不惜从原则上对于康德的先天观念，施以批评。舍莱尔在他的《伦理学中的形式主义与物质的价值伦理学》中所以说："先天只能应用于一种理想的'意义总一性'（Bedeutungseinheit）或命题。这种'意义总一性'或命题，是与一切设想它或它的在实际中的存在体的主观是毫不相关的。我们对于它的意义的把握，只能从直接的直觉上设身处地于其对象之内，而后才能得到的。"就是胡塞尔在他的《逻辑研究》中也说："非常不幸的，康德认为从矛盾律原则中即可解释一切逻辑的基本概念。他并没有知道逻辑的规律是具有多么少的分析命题的性质，即从定义假定上即能建立的分析命题的性质。就是说，假如他想从自明原则上说明分析思想的作用，所能得到的也是少得如何的可怜。"

固然我们并不是说康德的先天理论是不可批评的。不过问题在于我们对于康德的批评，不能如现象学派中人一样，一方面肯定"先天的综合判断"的可能性；另一方面又固执他的先天概念之为哲学概念的无效。我们对于康德，或者如新康德主义学派继续康德的先天的综合思想的主张，或者如维也纳学派对于这样的知识判断，从原则上加以放弃和否定。就是从康德思想方法而言，他的整个《纯粹理性批判》的对象，他的先天论之是否可能，皆以“先天综合判断”为知识判断之可能与否之标准。但是现象学派中人无论为胡塞尔或舍莱尔只知一味地批评康德的先天概念，而将康德的先天观念在理论上的基本问题倒忘记了。

所以维也纳学派中人如石里克就说：“现象学派学者对于康德的‘先天综合判断’表示惊疑之外只知如何扩充其所用范围和活动领域。假如这样的判断对所用范围和活动领域能有所扩充，那么亦应说明其可能性。亦即如康德提出若干‘什么可能’的问题。但是他们不思想到这一点，他们以为这是不成其为问题的。不过从哲学观点而言，我们能够将这样基本的问题，视为不成其为问题么？视为一种已经不可怀疑的事实么？或者说这一切问题依胡塞尔所谓‘本质直观’（Wesenschau），就能答复了么？对于这许多问题我们无论在胡塞尔或舍莱尔那里都无法得到一个基本的明确观念。从这一点上，我们不仅明了他们对于康德的曲解，就是现象学派本身的理论基础如何，也因之可以想见一斑了。”

（三）

现象学派中人不仅不否定康德的“先天综合判断”，就是他们引为这一派的理论基础的“物的先天”（materialen a

priori）论，事实上也还是脱胎于康德的这个判断。康德的“先天综合判断”我们说过是一种对于实际有所叙述并具有分析命题的普遍性的命题。因其对于实际有所叙述，所以是综合的，因其具有分析命题的普遍性，所以是先天的了。至于现象学派之所谓“物的先天”命题，也是对于实际有所叙述，也是具有分析命题的先天性的，这样的命题指之为“物的先天”的命题，即因现象学派中人想从“物”中表示这一类不仅对于一般的实际有所叙述，而且对于“物”的实际亦能有所叙述，从“先天”中则是表示这样对于“物”的实际有所叙述的命题，亦具有分析命题的普遍性和先天性的。

但是所谓“物的先天”的命题是怎样的一种命题呢？关于这个问题我们且看胡塞尔在他的《逻辑研究》中的所说。胡塞尔说：“我们怎样的能建立一种绝对精确的同时在哲学上又是固定而不可动摇的科学呢？无疑的只能根据下列一类的判断：譬如说‘每种声波必有其一定的速度和高度；同一块平面不能同时是红的又是绿的’，所以精神上的价值之为最高价值，较之任何机体中的价值为高。上帝的价值之为最高价值，又较之任何精神上的最高价值为高……”

假如我们对于诸如此类的命题之为“物的先天”的命题，期有哲学的认识和判断，从维也纳学派立场而言，就是如何确定这样命题的逻辑意义，或者能将这样的命题在语言逻辑中之有无根据指示出来。维也纳学派认为关于知识的命题，具有逻辑的意义和语言逻辑的根据的，事实上只有两种，这两种命题就是如康德所谓分析命题与综合命题。关于综合命题的本质，维也纳学派的看法，也与康德无异，就是它是一种叙述实际事物的命题，凡是属于生活或科学的命题，都是综合的命题。只是对于这一类命题之为知识命题的效用性的看法与康德所主张的不同：康德将分析命题的效用性移植于综合命题上，维也纳学派则以为综合命题之能对于实际事物能有所叙述，即因其无分析命题的先天性；后天性是一切综合命题的特征。至于分析命题无论为康德或维也纳学派都认为对于实际事物无所叙述，仅是对于某种命题的形式关系，以同值的不同形式或语言表现之而已。因其对于实际事物无所叙述，所以我们对于这一类命题的了解，一明了其意义，即能知其为真的或假的命题了。但是综合命题则不然，我们知道它的意义之后，我们还不能知道这个意义，是否包含这个命题的真理。因为这一类的命题既然对于实际事物有所叙述，那么我们不能在它所叙述的事实存在或不存在之外而确定其为真为假或者说确定它的意义了。凡是一个能真或假的命题，在原则上都是有意义的，仅有一种既不能真也不能假的命题，或永真永假的命题为同语反复或不相容性，才是如维也纳学派所谓空洞而无意义的“似是而非的命题”（Scheinfrage）了。

（四）

我们根据维也纳学派对于知识命题的看法更不难指出现象学派之未否定康德的“先天综合判断”的另一证据，现象学派的“物的先天”论脱胎于康德的另一理由：因为无论为现象学派或康德都是想在综合命题和分析命题之外，建立一种第三种的知识命题，这种第三种的知识命题在康德自然是他的“先天综合判断”，在现象学派则是所谓“物的先天”命题了。不过康德所主张的第三种命题，如先天的综合命题，由于现代科学的进展，早失了它在事实上的根据和理论上的基础了。我们就拿几何学之为知识判断所具有的性质而言，康德认为几何学为一种具有先天性的综合知识，但是新几何学已经将它在理论上和事实上的分析性揭示出来了，几何学不是一种先天的综合知识，而是一种先天的分析知识。至于它在应用方面之为空间科学，也不是如康德所谓先天的综合知识，而是一种后天性的综合知识。因为相对论所指示我们的时空观念，是能经验的而不是如康德所谓“直观的形式”的。还有对于康德的“先天综合判断”持反对论的许多现代科学事实和理论，我且不必谈了。

现在我们继续观察现象学派所谓“物的先天”命题之为第三种的知识命题之是否可能。现象学派的“物的先天”命题就如胡塞尔所说：“每个声波必有其一定的速度”；“同一块平面不能同时是红的又是绿的”；“所有精神的价值之为最高价值，较之任何机体中的价值为高”；“上帝为最高价值，又较之任何精神上的最高价值为高”。不过我们所能引为分析对象的，只是第一类和第二类一类的命题，而不是第三类和第四类一类的命题，因为后一类的命题因其具有主观的或者说感情方面的意义，于是不能为逻辑上加以确定或限制的了，所以我们当前的问题，就是如胡塞尔所谓“每种声波必有其一定的速度和高度”、“同一块平面不能同时是红的又是绿的”，是一种以“经验的原料”或“物质的内容”为对象的先天的综合命题吗?

我们在前面对康德的“先天的综合判断”之所以是综合的，同时又是先天的，已经简单地说明过。现在我们将现象学派的“物的先天”命题之为“先天综合判断”之一种，之为“物”的实际的命题，加以哲学上的说明。我们在上面也曾经说过：综合命题与分析命题的基本不同点，即为综合命题是一种传达生活中或科学里的事实的命题。它的内容和意义，就是它所传达的事实的内容和意义，同时除了它这个内容和意义之外，则根本无其他的内容和意义。但是分析命题则不然，它对于事实是一无所传达的，它只是如维也纳学派所谓同语反复。一个关于同语反复的命题，自然是先天的，自然是具有一般的普遍性。因为它对于事实绝对无所叙述，它唯一的作用，仅在于某种形式的命题或命题的形式，以不同的语言上的同值变换而已。

综合命题既然为我们借以传达生活中或科学里的事实的命题，于是这一类命题之所以有其可能性，是因其对于事实能有所传达，不能无所传达。一个命题能否对于事实有所传达或无所传达，是以这个命题之能真或假为之标准：凡是对于事实有所传达的命题，都是原则上能真或假的，只有事实上不能真不能假的一类命题，才是一种无事实内容和意义的命题，换句话说：综合命题之能真或假，就是表示其所传达的事实之能存在或不能存在；其所传达的事实之能存在，则表示这个命题的真性，否则即表示其伪性。实际事物是无法知道其永久存在或不存在的，所以关于综合的命题就无法如同语反复和不相容性一类的分析命题之能永真或永伪了，现象学派所谓“物的先天”命题为“一种声波必有其一定的速度和高度”，“同一块平面不能同时是红的又是绿的”，事实上并未具有这个一般的综合命题的条件。从事实方面而言：假如我们对于声波之为实际现象期有所认识，那么即使我们知道所谓声波概念如何地构成（konstruiert）——高度和速度为声波概念构成之两大因素——亦无法知道声波在实际上之为何物；假如已知之声波在实际上之为何物，那么亦毋庸知道声波概念如何地分析这两种根本不同的问题和理论对象，换句话说：我们如想对于声波有“质”的了解，那么在我们对于某种声波的直接体验中，它的高度与速度已经存在了。我们如想对之有“量”的认识，那么就应如声学中所为用一定的形式的概念以表达之，证实之，就行了。

从理论方面而言，这样现象学派所谓“物的先天”命题，事实上也就根本不成其为综合的命题。我们对于这样关于声波的命题易于见到的：就是它并未传达我们以关于声波的实际知识，只指示我们在这个概念中所包含的主要因素是什么。这一类的命题，事实上就是康德用以说明分析命题的例子，所有“物体是能伸张的”一类的命题；它仅是从“伸张”中说明“物体”的概念，但未因之给我们对于“物体”以新的认识。假如我们对于“物体”期有新的认识，那么必须以康德视为一般的综合命题的例子，所谓“物体是有特殊重量的”命题为之根据了。现象学派所谓“物的先天”命题对于实际事物既无所传达，对于我们只能指出某种理论概念之如何构成，于是它自然是先天的了。不过这样命题之有其先天性，正如同语反复之有其先天性相同，因为它们都对于实际事物无所表达，无所叙述，仅在纯粹概念的或形式的范围内活动而已。假如一种命题一方面对于实际事物有所叙述，一方面还具有一般的先天性，那么这一类的命题不是如康德所谓先天的综合命题，就是从对于分析命题和综合命题的误解中所产生的一种错误。不过康德的“先天综合判断”之不可能，之无现代科学的根据，我们在上面已经说明过了。所以现象学派的“物的先天”命题从理论上观之只是从“分析命题和综合命题的误解中所产生的一种错误”罢了。

自然，现象学派中人所以有如此的错误理由，是易于说明的。就是他们将分析的命题不视为一种同语反复，而视为一种对于“必然存在体”（sosein）有所叙述的命题。其实现象学派中人所谓具有必然存在性的命题如“每种声波必有其一定的速度和高度”，“同一块平面不能同时是红的又是绿的”，何尝对于声波或平面的“必然存在体”有所叙述；这样的命题所叙述的只是一种具有同语反复性的推论或命题的例子。这一类的例子，譬如说：假如我们说到声波，则能因之而知其有一定的高度和速度；假如有人说这一块平面是红的，则能因之而知其不是绿的；假如有人说：X是Y的父亲，则能因之而知Y

是X的儿子；假如今天是礼拜三，则能因之而知今天不是礼拜四。我们对于这一类命题的了解，与现象学派之所谓“必然存在体”毫不相干，亦不是因为它们在这个现象学派的哲学假定之下，才是这样固定不变的先天的推论的可能性。我们对于这一类命题之能先天的了解，唯一的原因，仅在于一种无一定速度和高度的声波，这块平面是红的同时又是绿的，X是Y的父亲Y不是X的儿子，今天是礼拜三又是礼拜四，都是许多违背逻辑的修辞法则的命题，许多无意义的语言间的联系，许多空洞而无所谓的同语反复，都是根本不可能的。现象学派中人因对于分析命题，缺乏本质上的认识，对于分析思想的作用又无深见，所以从这样“物的先天”命题中建立一种如胡塞尔所谓绝对精确的同时在哲学上固定而不可动摇的科学知识。现象学派中人对于建立“绝对精确的科学知识”的一点——分析的知识总是绝对精确的——虽然已经如愿以偿，但是这样的科学知识之为“物的先天”的知识，同时“在哲学上，固定而不可动摇”的一点，根据以上所言而论，是根本不可能的了。

还有现象学派中人在理论上的最大错误，就是他们以为应用声色香味一类的概念，即能对于“实际现象的内容”方面有所叙述，如同应用科学上的抽象概念，如量度时间空间因果律等，对于“实际现象的形式”方面有所叙述一样。其实我们对于前一种概念如声波概念（Tonbegriff）、颜色概念（Farbbegriff）等的应用，是与量的方面的概念如数的概念、时空概念在原则上是无有不同的。现象学派中人又因不明了这一点，所以认为从关于质的方面的命题中能建立一种与一般科学不同的知识系统，并由之以主张其所谓“物的先天”论。但是其不可能性，本文已经加以说明了。

对于现象学派的“物的先天”论的不可能性，维也纳学派中人如石里克曾有精要的一断语。兹录之以作本文的结论。石里克说：“现象学派学者何以不想：假如我说到某个人的长度为160厘米，那么绝无人认为‘那个人的长度不是180厘米’为一种知识，谁都知道在第一个命题中第二个命题‘那个人的长度不是180厘米’是包含有了。而且谁都明白地认识到在那样的命题里并未说到那个人是法国人或西班牙人，他是有礼貌的或无礼貌的。在年龄的说明中我们也就能见到，一个人在一定的时间内仅有一种年岁，同时不能三十岁，又是四十岁。同样的对于‘声波’只能有一种一定的高度；就是颜色概念的应用，在原则上也是如此的……所以现象学派中人所谓‘物的先天’命题，事实上并未对于‘必然的存在体’有所叙述，它仅是指示如何应用概念的一般法则。这个同语反复的纯粹形式法则，自然是先天的，但是毫无所说的，是不能为某种特殊科学的理论基础的。所以现象学派中人所指示我们的那种科学，事实上根本就无法存在的。”

原载《思想与时代》第三十五期，1944年6月

二、论《新理学》的哲学方法

（一）问题之所在

我们如例举中国现代富于学术性而且有普遍影响的哲学著作，那么自然不能不推冯芝生先生的名著《新理学》了。冯先生去年在《哲学评论》第八卷第一、二两期中又发表一篇谈他的《新理学》的哲学方法的文章。这篇文章名为《新理学在哲学中的地位及其方法》。在这篇文章里有许多地方谈到现代欧洲一个新兴的哲学学派维也纳学派。冯先生在这篇文章里之所以谈到维也纳学派的原因，主要的是在于借维也纳学派对于形而上学的批评来证明他个人的形而上学（冯先生称他的新理学的哲学系统为“真正的形而上学”）在理论上的根据以及在哲学的地位。因为如冯先生所言：一切似是而非的传统的形而上学，已被“现代批评形而上学最力的维也纳学派”“取消”了，但是他的形而上学不但没有被“取消”，反而它的本质因

之“益形显露”。所以维也纳学派对于形而上学的批评，不但与真正的形而上学无关，而且对于真正的形而上学有“显正摧邪”的功用。由此方面说维也纳学派不但不是形而上学的罪人，而且是形而上学的功臣。

本文所引为问题的对象，就在于冯先生这种对于维也纳学派对形而上学批评的看法，是否从维也纳学派立场所能承认的，所能解释的。具体点说：本文所欲提示的问题，就在于维也纳学派只能“取消”传统的形而上学，而不能取消冯先生的形而上学么？冯先生的形而上学不但不能被维也纳学派“取消”，反而把它的本质因之“益形显露”么？假如我们对于这些问题有了答复，那么冯先生的形而上学能否借维也纳学派证明这个问题也能同时明白了。

（二）传统的形而上学与冯先生的形而上学

冯先生所谓维也纳学派只能“取消”传统的形而上学而不能“取消”他的形而上学的主要理由，是在于他认为这是两种根本不同的形而上学。这两种形而上学的根本不同点，就如冯先生所言：传统的形而上学是以“对于事实为积极的肯定”的综合命题为根据，他的形而上学则以“对于事实为形式的解释”的分析命题为根据。“对于事实为积极的肯定”的综合的形而上学命题，就是哲学上所谓“上帝存在”、“灵魂不死”、“意志自由”一类的命题。“对于事实为形式的解释”的分析的形而上学命题，则如冯先生所谓“山是山，水是水。山不是非山，水不是非水。山之所以是山而不是非山，水之所以是水而不是非水，必因山有山之所以为山，水有水之所以为水”一类的命题。

所谓“对于事实为积极的肯定”的综合命题者，就是一种对于事实有所传达（mitteilen, communication）的命题。自然科学社会科学以及日常生活中的经验命题，都是此一综合命题。综合命题既然在原则上必须对于事实有所叙述，有所传达，于是这一类命题之为真为伪以及有无实际的意义，就不能不以它所叙述所传达的事实在实际上之有无，为之标准，为之根据。假如一个综合命题名虽对于事实有所叙述有所传达，而实际上我们根本就不能证实这样的事实之有无，那么这样的综合命题只有综合命题之名，而无综合命题之实了。属于这类的命题无论其本来意义如何地动人视听，无论对于我们的感情方面如何的刺激，但是对于事实总不能为客观的叙述，真实的传达的。它们只是一些名为综合命题而实非综合命题的一种命题，是如维也纳学派所谓“似是而非的命题”（die Scheinaussage）而已。

维也纳学派之所以必须“取消”传统的形而上学者，即因传统的形而上学命题如“上帝存在”、“灵魂不死”、“意志自由”一类的命题，虽然在感情方面具有深厚的意义，但是严格的分析起来，是一种变相的所谓“桌子是爱情”、“炮台是道德”的命题，是一些如维也纳学派所谓“似是而非的命题”。传统的形而上学既然以这样无实际意义的“似是而非的命题”为之根据，既然是一个这样命题的理论体系，那么它如何能对于事实有所叙述有所传达呢？它如何能成为一种关于实际的知识理论的体系呢？

冯先生认为维也纳学派之所以不能“取消”他的形而上学的唯一理由，即在于他的形而上学根本就不是一个这样的综合命题的理论体系，而是一种所谓“对于事实为形式的解释”的理论体系。所以维也纳学派既不能以“取消”传统的形而上学的理论根据而“取消”它，同时也不能因它之为分析命题如数学逻辑以及一般的分析命题，根本就无实际方面的意义，而摈诸形而上学范围之外了。

（三）维也纳学派与冯先生的形而上学

冯先生认为维也纳学派只能“取消”传统的形而上学而不能“取消”他的形而上学的理由，大体上是如此。不过这个问题从维也纳学派立场而言，则就根本不同了。从维也纳学派立场而言：它的“反形而上学”（Antimetaphysik）的主要点，并不是如冯先生所言将形而上学从哲学上加以“取消”，只想将形而上学在哲学中的活动范围加以指示，在哲学中的真正地位加以确定。换句话说，维也纳学派虽然否定形而上学之为一种关于实际的知识理论的体系，但并不否定它在人生哲学方面的重要意义。所以某种形而上学之能被“取消”或不能被“取消”，与某种形而上学之以某种命题为根据，毫不相关。某个形而上学家视他的形而上学是否为一种关于实际的知识理论体系，才是其唯一的标准了。冯先生的形而上学虽然与传统的形而上学有上述的不同，但是冯先生亦如其他的形而上学家视他的形而上学亦是一种关于实际的知识理论的系统。而且在冯先生所谓人类四种知识：1.数学逻辑，2.形而上学，3.科学，4.历史中，冯先生所代表的形而上学还身居其第二位呢。

从哲学史上看到形而上学的发展，最易于感觉到无论古今中外的形而上学家，无论他们的形而上学理论如何不同，但总是同样的对于科学知识有所歧视：他们不是对于科学之为关于实际的知识理论的体系表示怀疑，就是表示不满意。欧洲著名的形而上学家无论为叔本华、黑格尔、洛采、柏格森甚至于哈特曼、海德格尔，虽然各有各的思想方法和形而上学系统，但无一而不假定了一个特殊的知识对象和实际范围，以与科学的知识对象和实际对象相对立。这个特殊的形而上学的知识对象和实际范围，他们或者以实际的“那一边”（Jenseits der Wirklichkeit）或者以经验的“那一边”来区别科学的实际和科学的知识。冯先生这位形而上学家虽未如欧洲一般的形而上学家假定了在实际“这一边”（Diesseits der Wirklichkeit）之外还有所谓实际的“那一边”或经验的“那一边”。但是他认为在“这一边”实际之内有两方面的实际知识。冯先生称这个两方面的实际知识为“积极的实际知识”和“形式的实际知识”。所谓实际的积极方面的知识，就是一些“对于事实为积极的肯定”的综合知识。所谓实际的形式方面的知识，则是如冯先生所谓“对于事实为形式的解释”的分析知识，就是冯先生所主张的形而上学知识了。

由此而论，我们即不难明了形而上学之所以产生以及形而上学家对于形而上学的要求，不只是对于实际得到理解和认识，此外还想从中得到感情上的满足和内心中的安慰。难怪乎创立划时代的“批判哲学”的哲学家康德曾慨乎言之：我们对于形而上学问题是无能为力的：因为“人类根本未具有解决形而上学问题的理性”。不过这个康德视为非人类理性所能解决的形而上学问题，到了冯先生所誉为“现代批评形而上学最力”的维也纳学派，则就得到新的解决方法和途径了。我们之所以称维也纳学派对于解决形而上学问题有新的方法和途径者，即因它认为形而上学问题在哲学上的对象，并不在于某种“形而上学的客体”（metaphysisches Objekt）在实际上之有无的确定，而在于基本的形而上学命题在实际上有无意义的分析。维也纳学派认为所谓形而上学问题确为一个关于实际的问题，那么它必须从分析上而能了解其在实际上的意义，假如它根本未具有任何关于实际的意义，那么它就不成其为一个实际的问题，只是一种如维也纳学派所谓“似是而非的问题”（die Scheinfrage）了。

我们以上曾经说过：一个关于实际的命题在原则上必须对于事实有所叙述，有所传达，同时它对于事实所叙述所传达的对象，就是这个命题唯一的实际意义的根据。所以一个关于实际的命题对于事实有无叙述，有无传达，或者说有无实际上的意义，就不能不以这个命题之有无证实方法（Methode der Verifikation）为之标准。所谓证实方法者，就是指示我们对于某个命题与实际的比较手续，了解某个命题在实际上的事实根据，换句话说，就是说明某个命题在某种实际条件之下是真的，在某种实际条件之下是伪的。因为一切关于实际的命题既然在原则上必须对于事实有所叙述，有所传达，那么这样的命题之为真为伪，之有无实际上的意义，自然有与实际比较的可能，自然有实际上的证实的必要。假如一个关于实际的命题无论在任何实际条件之下，不能证实其为真的，无论在任何实际条件之下，不能证实其为伪的，那就等于说这个命题之为真为伪，之有无意义，与实际毫不相关，那么这个命题自然对于事实既无所叙述，也无所传达，自然是一种无任何实际上的意义的命题，是一种如维也纳学派所谓“似是而非的命题”了。

固然维也纳学派所谓实际命题的证实方法，有原则上和事实上的两种。凡是具有原则上的证实方法如“月球反面有三千米高的山”一类的命题，虽然我们不能立时从事实上证实它之为真为伪，之有无实际上的意义，但是这一类的命题的证实方法，在原则上是能够想象的，能够捉摸的。可是一个未具有原则上证实方法的命题如“电子内有一种无任何外在现象的核子”一类的命题，我们对之不只不能从事实上证实它之为真为伪，之有无实际上的意义，就是这一类的命题的证实方法，在原则上亦无法想象无法捉摸了。因为我们对于这个命题的与实际的比较手续以及它在实际上的事实根据，只能以那个核子及在电子中的“外在现象”为其标准：我们只有根据这一点才能确定它在实际上之有无，它是否具有实际的意义。但是这个证实方法的唯一可能性，从那个核子的定义中就完全被否定了。所以我们对于这样命题所叙述的所传达的对象，在原则上就无法加以肯定或否定，所以未具有实际意义的命题，或者说是一种“似是而非的命题”了。

维也纳学派之所以能“取消”传统的形而上学而认为形而上学问题不成其为关于实际的问题者，即因传统的形而上学命题如“上帝存在”、“灵魂不死”、“意志自由”一类的命题，都是些未具有原则上证实方法的命题，都是属于“电子内有一种无外在现象的核子”一类的命题。我们对于这些形而上学命题既不能知其与实际的比较手续，亦不能知其在实际上的事实根据，我们只知其在感情方面似有所叙述，似有所传达，但并不知其在实际方面所叙述的所传达的如何？我们只知其在信念中似有这样的问题，但并不知在实际方面之为问题何在？我们对于这一类的命题不只是不能知其事实上与实际的比较手续和在实际上的事实根据，就是在原则上对于这样的命题与实际的比较手续和实际上的事实根据的可能性，也是无法想象的，无法捉摸的。传统的形而上学命题既然是属于这一类命题，那么它自然不能对于事实有所叙述有所传达，自然不能具有任何实际的意义，自然是些“似是而非的命题”。传统的形而上学既然以这样“似是而非的命题”为之根据，既然为一种“似是而非的命题”的理论体系，那么它不能成一种关于实际的知识理论的体系，就是所谓“非人类理性所能解决的形而上学问题”之为关于实际的问题，也毫无事实根据和逻辑意义可言了。

不只是“对于事实为积极的肯定”的综合形而上学之不能成其为一种关于实际的知识理论体系，是由于传统的形而上学命题根本未具有实际上的意义，是由于这些命题都是一种似是而非的综合命题。就是冯先生的“对于事实为形式的解释”的分析形而上学之不能成其为一种关于实际的知识理论的体系，也是由于这样的形而上学命题亦无法对于事实有所叙述有所传达，它一如传统的形而上学命题都是一些空洞无实际上的意义的命题。固然冯先生的形而上学命题之无实际上的意义，并非如传统的形而上学问题因其为“似是而非的命题”而不能有实际的意义，而是因为“重复叙述的命题”（tautalogische Aussage）而不能有实际的意义。一个所谓“重复叙述的命题”之所以不能有实际上的意义者，即因这一类的命题与一个关于实际的命题，在原则上就不相同。我们曾经说过：一个关于实际的命题原则上必须对于事实有所叙述有所传达。同时这个命题所叙述的所传达的事实对象，就是它之为真为伪之有无意义的标准。但是一个“重复叙述的命题”对于事实所叙述的所传达的事实对象，我们根本从事实方面就无法加以肯定或否定，同时它之为真为伪之有无意义亦无须有从事实方面加以肯定或否定之必要：这一类的命题之为真为伪之有无意义是在一切实际以外的，是有其独立性的。这一类命题既然在一切实际以外而能真或伪而能有其意义，那么它自然与一切实际无关，自然是一些空洞无任何实际的意义的命题了。

冯先生的“对于事实为形式的解释”的形而上学命题如“山是山，水是水。山不是非山，水不是非水。山是山不是非山，必因有山之所以为山，水是水不是非水，必因有水之所以为水”，在原则上就是一些对于事实无所叙述无所传达的“重复叙述的命题”，因为这样的命题对于事实所叙述所传达的对象，我们从事实方面亦不能有所肯定或否定，同时这样的命题亦不因其在事实方面不能有所肯定或否定而失去它的真性，而失去其原有的意义的。换句话说，我们只知一个对于“山”或“水”有所叙述有所传达的命题，是“山是什么或不是什么”、“水是什么或不是什么”，而不是“山是山”、“山不是非山”，“水是水”、“水不是非水”一类的命题。我们从“山是什么或不是什么”，“水是什么或不是什么”中，就能推论“山是山不是非山，必因山之所以为山”，“水是水不是非水，必因水之所以为水”。可不能借“山是山不是非山，必因有山之所以为山”、“水是水不是非水，必因有水之所以为水”一类命题，对于“山之所以为山”、“水之所以为水”还有所了解还有所认识了。所以假如我们称传统的形而上学命题是一些变相的“桌子是爱情”、“炮台是道德”或者“电子内有一种无外在现象的核子”一类无事实根据的“似是而非的命题”，那么我们亦可称冯先生的形而上学命题是一些变相的“今天是星期三就不是星期四”、“今天是晴天就不是雨天”、“戴有色眼镜的人就不是戴无色眼镜的人”一类根本对于事实无所叙述无所传达的“重复叙述的命题”［今天是星期三就包含了不是星期四或星期二，今天是晴天就包含了不是雨天或雪天，戴有色眼镜的人就包含了不是戴无色眼镜的人或不戴眼镜的人，这还有什么可说，这分明是无所说的“空话”（leeres Wort）。不过这就是我们所谓对于某种意义以重复的叙述，就是我们所谓重复叙述的分析命题。康德对于这一点已经有完善的说明了］。

冯先生的分析的形而上学命题之不能有实际上的意义，就是我们从一个对于实际命题的证实方法方面，亦不难说明的。我们曾经说过：一个实际命题的有无意义，是在于其有无原则上的证实方法。不过一个无原则上证实方法的命题不只是如传统的形而上学命题在任何实际条件之下不能真或伪，就是在任何实际条件之下，永不失其真或伪的命题，也是同样的无原则上的证实方法的。因为所谓证实方法者，在原则上不外是指出某个命题在某种实际条件之下是真的，在某种实际条件之下是伪的，假如一个命题无论在任何实际条件之下是不能真或伪的，那么就是表示这个命题永远与实际无关。这个命题既然与实际毫不相关，那么对于它自然不能从事实上加以肯定或否定，对于它自然无所谓证实方法可言了。但是假如一个命题无论在任何实际条件之下是永不失为真或伪，那么这个命题就是一种重复叙述的命题。这个命题既然是一种“重复叙述的命题”，那么它自然在证实方法以外而能真或伪，那么对于它在原则上亦无所谓证实方法可言了。属于前一种无原则上证实方法的命题，自然是似是而非的传统的形而上学命题，属于后一种无原则上证实方法的命题，则是重复叙述的冯先生的形而上学命题了。

固然一个永真或永伪的命题未具有原则上的证实方法与一个不能真或伪的命题之未具有原则上的证实方法，是具有不同的逻辑意义的。我们曾经说过：所谓证实方法者，在原则上只是指出某个命题在某种证实条件之下是真的，在某种实际条件之下为伪的，但不能指出在任何实际条件之下是真的，在任何实际条件之下是伪的，或者无条件的真的或伪的。传统的形而上学命题之无原则上的证实方法，是因其无论在任何实际条件之下不能真或伪的，但是一个有原则上证实方法的命题，是必须在某种实际条件之下是真的或伪的，绝对不能在任何实际条件之下既不能真或伪的。冯先生的形而上学命题之无原则上的证实方法，则因其无论在任何实际条件之下是永不失其为真的：这就与证实方法之为指出某个命题在某种实际条件之下之为真为伪冲突了，这就是一种在任何实际条件之下为真的了，这就是一种无条件的真的了。这两种不同的逻辑意义的无原则上证实方法的命题之不同点，我们亦可称为似是而非的综合命题与重复叙述的分析命题之为无实际的意义的命题的不同了。

综上所言而论：无论传统的形而上学之为一种关于实际的知识理论的体系，从维也纳学派立场而言都是根本不可能的。关于实际的知识，在原则上既无所谓“这一边”的科学知识和“那一边”的形而上学知识，也无所谓如冯先生所指“这一边”实际之内有积极的科学方面的知识和形式的形而上学方面的知识，只有一种关于实际的知识，这就是科学知识。只有科学知识才是真正的关于实际的知识，只有科学才是真正的关于实际的知识体系和真理系统了。传统的形而上学和冯先生的形而上学之为一种关于实际的知识理论的体系或真理系统，总而言之，都是原则上充满了矛盾的。因为无论某一种关于实际的知识必须对于事实有所叙述，有所传达，但是传统的形而上学家不只想对根本不能叙述的不能传达的，加以叙述加以传达，而且还以为对于事实已有所叙述，已有所传达了。于是乎传统的形而上学命题都成了无事实根据的“胡说”（sinnlos）了，形而上学都成一种“胡说”的理论体系了。冯先生的形而上学虽然不包含任何“胡说”成分，但是冯先生的形而上学命题根本就对于事实一无所叙述一无所传达，而冯先生这位形而上学家也认为对于事实已有所叙述已有所传达，于是乎冯先生的形而上学命题都成了与实际毫不相关的一种“空话”（sinnleer）了，冯先生的形而上学也成了一种“空话”的理论系统了。

（四）冯先生的形而上学在哲学中的地位

冯先生的形而上学在理论上的根据，从维也纳学派而言，已经如上面所说。现在我们对于它在哲学中的地位，还须加以说明。我们曾经说过传统的形而上学之所以不能从哲学上加以“取消”，即因它虽不能成为一种关于实际的知识理论体系，但在人生哲学方面则具有深厚的意义和特殊的作用的。所以维也纳学派中人就说：形而上学家所能引为自慰的，形而上学虽不能成为一种关于实际的知识体系或真理系统，但对于生活方面感情方面则具有科学所未有的作用。就是我们能从形而上学的体验中和形而上学理想中确能得到内心中的满足和精神上的安慰，确能弥补生活上的空虚，扩张我们体验中的境界。所以人称形而上学为“概念的诗歌”，同时它在文化上的意义和作用，我们亦只能以艺术诗歌譬之了。

冯先生的形而上学虽与传统的形而上学同样不成其为一种关于实际的知识体系或真系统，但对于生活方面感情方面的意义和作用则并不同。我们从传统的形而上学命题如“上帝存在”、“灵魂不死”、“意志自由”中，可以得到在理想上的许多丰富的感觉，优美的境界，得到许多满足许多安慰。但是我们从冯先生的形而上学命题如“山是山，水是水”，“山不是非山，水不是非水”，“山是山不是非山，必因有山之所以为山，水是水不是非水，必因有水之所以为水”中不仅无有如此的感觉境界、满足和安慰，甚至于似乎有点“无动于衷”之感。所以维也纳学派假如欲“取消”形而上学，那么冯先生的形而上学之被“取消”的可能性较之传统的形而上学为多。因为传统的形而上学虽不能成其为一种关于实际的知识理论的体系，但有其在人生哲学方面的深厚意义。但是冯先生的形而上学似乎是两者俱无一厝。虽然冯先生的形而上学也如传统的形而上学一样，想对于“人生境界”方面有所贡献，不过事实上传统的形而上学已经有了收获，冯先生的形而上学似乎有新的努力，须有待于将来了。

（五）结论

现在将本文的主要点作一概括的结论，同时将它分作三点：

第一点，冯先生想借维也纳学派对于形而上学的批评以证明他的形而上学在理论上的根据以及在哲学中的地位，从维也纳学派而言，与冯先生的看法是完全相反的。我们可以说：传统的形而上学经此一批评不但未被“取消”，而且它的本质因之“益形显露”，但是冯先生的形而上学则有被维也纳学派“取消”之虑了。

第二点，冯先生认为从形式主义的形而上学上能建立一个从“觉解”上达到“最高的人生境界”的形而上学。从维也纳学派而言，他的形而上学在这一方面的贡献，不但不能超过传统的形而上学，而且远不如传统的形而上学之既伟且大的。

第三点，关于形而上学的方法问题：从维也纳学派而言，只有应用直觉主义的方法，才能保持形而上学在人生哲学方面的重大意义。但是应用冯先生所谓形式主义的方法，则似乎有失去形而上学这个重大意义的危险了。

附　记

本文是作者于本年十一月十一日在中国哲学会昆明分会第二次讨论会中的一个讲演，不是为一般读者而写的。读者如对这个问题有兴趣，则请详阅冯先生的《新理学》、《新原人》，尤其是“新理学在哲学中的地位及其方法”这篇文章。还有拙作《维也纳学派与玄学问题》（哲学评论第八卷第三期）、《维也纳学派的基本思想》（思想与时代第三十五期）、程衡的《现代哲学的新趋势》（学术季刊第一期），也都有参阅的必要的。

原载《哲学评论》第十卷第一期　1946年12月

三、康德的先天论与现代科学

（一）前言

康德哲学之所以有其远大的影响，一方面固因其批判哲学之为哲学系统的严整周密，另一方面亦因其与文艺复兴以后的科学关系的密切，甚至于能代表这个古典科学的精神。但是二十世纪的科学如相对论、量子论、新数学、新逻辑的进展，无论在理论上，方法上，都已经超出古典科学的范围，有了新的建立。于是我们对于康德哲学的认识，似乎不能没有新的观念，或新的估价了。本文之目的，就从这一点对于康德与现代科学有关的问题，加以叙述，希望读者能因之对于康德哲学与现代科学的关系，或者说从现代科学观点所见到的康德哲学是怎样，得一基本的认识。此外并亦能因之明了代表古典科学精神的哲学，只有维也纳学派的逻辑实证论了。

（二）数学几何学的基础问题

我们谈到康德与科学有关的问题，首先想到康德的直观的数学或几何学观。康德认为无论数学或几何学从其本质而言，都不外乎所谓“纯粹直观”为其理论基础的。所谓数学几何学的理论基础，是在于“纯粹直观”者，简言之，就是无论为数学或几何学的基本概念，或者说数学几何学之为演绎体系所引为根据的基本概念，事实上是不能从理论上或形式系统中的任何概念所能证明其合理性和确定性的。我们所以能对于这些基本的概念有信仰的根据，就因我们能从直观的作用上得到这样的信仰。直观未曾给我们以事实上的失望，它是绝对不会有所错误的，如是我们靠直观，自然也不会有错误的了。换句话说，当过去许多数学家对于几何学的基本概念和理论基础得到一种一致的看法，认为几何学中的概念如点、线、弧、平面等，根本就无法从纯粹形式上所能定义的，从若干形式的概念所能证明的。但是他们在失望之余所能引为安慰的，就是这些基本概念如点、线、弧、平面等，事实上虽无其从形式上或若干概念上证明的可能，但自有其绝对的效用性和不可怀疑之点，因为我们之所谓几何学的基本概念无论为点、线或其他的种种，我们一“观”便明了了。这些基本概念既有其“自明”的真理，如是以它们为根据而构成的数学或几何学的体系，在理论上自然是“固若金汤”的了。

但是康德这样直观的数学、几何学，到了十九世纪已引起若干数学家的不满和怀疑。他们认为数学之为形式的或概念的科学，而其理论基础似不应求之于非形式概念的“纯粹直观”。如是他们均思于“直观”之外从纯粹形式方面以求数学基础的稳固，以确定数学几何学真理在理论上的根据。这样的数学家有魏尔斯特拉斯、弗雷格、希尔伯特等。其中对于现代数理科学最有影响，或者完成数学脱离“直观”的范围而得到逻辑上的基础的，当推希尔伯特的公设几何学的成立。根据希尔伯特几何学的基本思想，所有几何学数学的基本概念如点、线、弧等，在原则上不仅不如康德所言是以“纯粹直观”为基础，但为“一群不能定义的概念和从形式上证明的概念”，而且我们对于这些概念的定义，是非常的轻而易举，就是我们对于某个几何学概念的定义或证明所应顾到的，某个所定义的几何学概念的“效用性”是否包含在那个概念的公设之内，是否为严整而不可动摇的。用希尔伯特的话来说，我们对于某个几何学概念的定义，是以这个概念能否满足它的公设为标准，这就是维也纳学派所谓“从公设中得到的定义”、“从假定中得到的定义”，或者说“蕴含定义”（die implite Definition）。

从“蕴含定义”的理论原则而言，我们对于某个几何学的概念之构成，是无须一种具有直观性的对象为根据，只须从某个“构造命题”中将那个概念的形式关系加以确定，加以“认识”，所以一种根据“蕴含定义”所构成的概念能否成立，仅在于它能否满足它的公设中的形式关系，可不在于它本身之能否想象能否直观，譬如我们说在 a 的直线上 C 是 AB 的中间，在这个语句中之所谓“中间”的概念，就是表示在 a 的直线上 C 与 A 与 B 的一种形式关系，就是说出在 a 的这个直线上，C 是在 A 的左边和 B 的右边、或者在 B 的左边和 A 的右边、可不在 AB 的左边 BA 的右边、或者 BA 的左边 AB 的右边的那种形式关系，同时我们对于这个中间的概念的定义和了解，亦仅能以某种相似的形式关系为根据，亦仅能以这个概念能否满足它的形式关系为标准，至于它是否具有“纯粹直观”的内容，在这里则是毫无意义可言的。其实所有数学、几何学的概念都是对于某种数学的、几何学的形式关系的一种名称一样。我们对于一切形式科学的概念在原则所能要求的就不是某个概念本身之能否想象之能否直观，仅是它在任何条件之下都能代表某种形式的关系，同时我们也在任何条件之下都能应用它以表说某种形式关系而已。

“蕴含定义”的思想原则是数学几何学概念所构成的基本原则，是数学之为纯粹的形式科学的理论基础。我们应用它和它的方法能构成一切纯粹形式而无内容的概念，至于这些纯粹形式的概念之能得到实际的内容和意义，则所谓“配合定义”的应用是它的唯一标准，唯一根据。但是所谓体验的或直观的作用，无论在形式科学或实际科学里，都是根本不可能的。因此维也纳学派认为“一切知识仅在于形式，而不在于内容”；“一切知识仅在于形式，而且是一种实际的传达，一种形式关系的计算”；“知识之所以为知识只有在一定的形式关系之下，才合乎知识概念的逻辑意义，至于一切内容，则仅属于主观的范围了”。

数学或几何学的命题的效用性，或者数学几何学的基础问题，并不是以“纯粹直观”为根据，相反地，它们之为先天的科学是因其能无丝毫的直观成分，而能专以纯粹形式的关系为对象，此外则无其他理由可言。所以维也纳学派认为关于知识的命题，仅有所谓分析命题与综合命题两种；前者即我们所谓数学几何学逻辑的命题，是与实际无关系的，是具有先天性的。后者则为一切综合的命题，如自然科学的经验，是以实际的事物为对象的，是属于后天的科学。至于康德所谓在分析综合两种命题以外存在的先天的综合命题，事实上的不可能性，从康德的直观的数学几何学的不可能性中，即能见之。

（三）时间空间的“本质”问题

不仅康德认为数学几何学以“纯粹直观”为基础是错误的，就是认为几何学之为空间科学亦以“纯粹直观”为基础，是先天的，也是错误的。根据康德的看法，欧几里得几何学之为空间的实际形式，是具有先天的效用性，是一种关于实际的知识，是如康德所谓“先天综合判断”。因为如康德所言，虽然空间本身不是一种实际的事物，但是它是一切实际事物之能在实际空间上存在的一种形式，所以康德亦称实际空间为“纯粹直观的形式”。康德认为欧几里得几何学的基本概念之为实际空间的命题，亦以“纯粹直观”为基础，而且是具有绝对的效用性和先天性的。换句话说，实际的空间就是我们直观的形式，同时这样直观的形式我们从“一定的”几何学中可以确定；这个“一定的”几何学之为空间科学，就是我们所谓欧几里得几何学。实际的空间既然不外乎“欧几里得的”，如是一切有关空间的命题或者说实际空间的形式构造，自然也不外乎“欧几里得的”了，自然是一种“先天综合判断”了。

但是康德的几何学观从几何学的实际应用上所昭示我们之点，并不是完全合乎先天的范围，反之还能引起我们对于它的怀疑。俄国数学家罗巴切夫斯基由于怀疑几何学的基础仅在“纯粹直观”的作用，于是想将欧几里得的平行线公设予以数学的证明。所得结论，虽未能将平行线公设以理论上的证明，但他已由之得到原则上一种可能性，就是欧几里得几何学并不是唯一的几何学，一种“非欧几何学”也是存在的，只在我们如何构成之而已。而且这样的“非欧几何学”之为几何学，无论在形式体系和实际应用方面，都与欧几里得几何学同样的无矛盾或效用上的缺点；它们的基本不同点，仅在于各有各的理论原则证明方法，仅在于各有各的公设定义命题而已。换句话说，无论为欧几里得或“非欧几何学”都是几何学之一种，既无法以“非欧几何学”为几何学的标准，同时亦无法以欧几里得几何学为唯一的几何学了。还有德国数学家魏尔斯特拉斯对于几何学以“纯粹直观”为根据一点，也异常怀疑。终于他从数学方面用方程式证明出来：欧几里得几何学中所谓一条完全连续的曲线只能抽出一条切线，是一个错误的公设。因为有许多完全的曲线虽是连续的，但在任何一点亦无法抽出一条切线。魏尔斯特拉斯还指明：这样的曲线在任何一点上不能具有切线的原因，是很浅而易见的，就是应用叙述这样曲线的方程式，无论在某一点上，都无法求到微分数的。上述希尔伯特的几何学，也是与康德的先天的几何学观，根本不相容的。在这几个几何学的成立中既无须综合的成分，也无须“直观”的保证，它的一切理论上的要求，完全从纯粹形式上的概念里得到了满足和稳固的基础。这样的几何学就是其他非欧几何学，虽然是一种先天的科学，但为一种先天的分析科学，而非如康德所谓先天的综合科学。仅因其为分析的科学，所以是先天的，假如它为综合的科学，则就根本无其先天作用了。

从欧几里得几何学中去证明实际空间的先天性去证明关于空间的命题之为先天的综合的命题，是事实上不可能的，其实康德的先天的时间空间观念不仅在欧几里得几何学中无法证明，就是实际空间的本身而言，也无事实的根据，也是根本错误的。康德认为物理的空间是所谓带“纯粹直观”性的空间，其实这样的空间并不是属于物理的空间，仅是属于感官方面的空间，这个属于感官方面的空间如视、触、动等，事实上不知有若干种，而且全是主观的，各具有各的内容的，但是物理的空间仅有一个“固定空间”（der Raum）同等是客观的，而不是主观的，它仅以概念机构（begriffliche Konstruktion）为唯一对象，仅以所谓相合方法（die Methode der Koinzidenzen）为事实基础。这个物理的空间既然以概念机构为对象，那么对于它之能应用某种几何学，自然是以某种几何学能否供给实际空间以简单的格式为标准，从这个物理学的空间标准而言，好似欧几里得几何学之为空间形式虽已失其先天的普遍性，可并不因之完全失去实际的应用性。但是现代物理学对于物理空间能应用何种几何学之一点，已经根据爱因斯坦的万有引力理论而说明了，爱因斯坦认为：要对自然用最高度的精确性和最简单的格式叙述，则必须放弃欧几里得的传统几何学，而代之以黎曼的“非欧几何学”。固然我们并不因之认为现代物理学的空间不是“欧几里得的”而是“非欧几里得的”；因为物理学之为“自然叙述”（die Naturbeschreibung），在原则上就不能以某一种几何学为空间的固定标准，同时也无一种所谓“直观”能告诉我们：物理空间的机构是这一种几何学的而非那一种几何学的，所以维也纳学派中人认为相对论以后的空间观念应分为两种：一种为主观的体验的空间，是属于日常生活中的，一种为相对的时空多元性（die relative Raumzeit-Mannifältigkeit）的时间空间，是属于现代物理学的。康德所谓“纯粹直观”的时间空间，事实上就是一种主观的体验的时间空间，所以它在现代物理学中的意义，仅为日常生活中的时间空间，而非科学中的时间空间。

由于相对论的成立，我们不仅对于实际空间问题，得到事实上的答复，就是对于几何学本质问题，也有了更深的认识。康德认为几何学既为一种综合的先天科学，那么他对于几何学在数学上和在物理学上的作用已经说明了。不过我们如将几何学视为一种分析科学，那么我们如何说明其在物理学方面的应用呢？关于这个问题，维也纳学派中人曾告诉我们，几何学事实上不仅有一种几何学，是有两种几何学的，一种为物理几何学，一种为数学几何学。物理几何学是以叙述物理世界中的固体与光线关系为对象，是一种综合科学，数学几何学则以纯粹形式的关系为对象，是一种分析科学。维也纳学派这样对于几何学本质的解释，爱因斯坦在他的名作《几何学与经验》中，已经完全同意而加以采用了。

（四）因果律的效用性问题

康德不仅认为带直观性的时空观念是一种先天的知识，就是因果律之为科学知识的必然假定，也属于先天知识之一种，康德不是说么：假如实际知识不是根据我们的“思维形式”，而专以实际经验为标准，则结果不免为经验所否定而永远不能成一种普遍的知识。康德既主张知识仅能有合乎“思维形式”的知识，经验虽能否定过去的经验事实，但不能证明或推翻我们的“思维形式”，因此我们所谓知识虽对于经验事实有所叙述，但并不能为经验所支配，自然有一种先天的知识，是所谓“先天综合判断”了。但是康德的因果观念，从现代物理学观点而言，则已失其事实上的可能性。康德认为无因果的必然假定则无科学的经验的可能，然而在现代物理学中因果律虽已失其作用，但所谓科学的经验并不因之而失其存在，康德认为因果律之为科学知识的假定是不能由经验证明或推翻的，然而现代物理学虽不能将它推翻了，从科学方面推翻因果律之为科学之必然假定的，是德国物理学家海森堡（Heisenberg）的测不准理论。根据测不准理论的原则，我们在古典物理学中所应用的因果律的自然律形式如所谓“某个事件的开始事件，领域条件能确定，则未来的相关事件即可由之而推论”是在量子力学中根本无法应用的，而须根本放弃的。海森堡的测不准理论因之曾指示我们一种恰当为因果推论的开始条件与领域条件之电子速度和位置的确定，是一种无科学意义的假设。因为如不确定所言，假如我们欲精确计量电子的位置，则必须将其空间坐标加以精细的观察，如是就妨碍了它的速度在观察上的确定性，反之我们如将电子的速度加以精确的计量，则在它的时间坐标的观察中而影响到位置的确定。假如我们将电子的位置与速度同时为精确的确定，则结果位置与速度都无法确定了。

康德的先天论因量子物理学的发展而失去其科学的意义，这是无可怀疑的了。但是德国新康德学派中人则不然，他们欲保持康德的哲学传统，所以不惜从哲学思辨中否定这个科学的事实。新康德学派中人认为量子物理学所发见的因果律失效，是毫无哲学上的意义的。因为因果原则之为科学知识的“先验前提”（transzendentale Voraussetzung）是不能由经验所推翻的；它的可能性就是一切科学知识的可能性。但是什么是康德所谓“先验前提”呢？新康德派中人对于它的解释是不同的，它是一种关于实际的命题或是一种具有先天性的实际判断，甚至于是一种一切知识的基本假定。不过从测不准理论对于因果问题的影响而言，无论其为实际命题或具有先天性的实际判断或为一切知识的基本假定，都已失其理论上的根据和哲学意义了。

因果律是一个关于实际的命题，这是无可怀疑的，不过因果律之为实际命题在应用上所具有的普遍性，并不是如一般所谓“因果连锁”、“因果组合”，而是一切因果推论应有的一种基本公式。这个基本公式曾指示我们：假如我们欲从 A 而推论到 B，那么必须根据这个公式加入一个变数和时间 T，而后方能构成一个因果假设。换句话说，我们根据这个公式不仅从 A 而推论到 B，就是 CDE 在相同条件之下也能构成一种因果推论的。但是从测不准理论观点而言：我们在量子物理学中就根本无法得到这个基本的公式，所以因果律之为实际命题，就失去其意义了。假如新康德学派中人认为这个因果律之为实际命题，就根本不能由经验推翻的，如同欧几里得几何学之为空间科学之不能由经验推翻一样。但是欧几里得几何学之为空间科学不能由经验推翻一点，早已由普遍相对论否定了，现在因果律之被量子物理的否定，更足证明新康德学派中人的哲学思辨之无实际意义和理论根据了。

虽然新康德学派中人可以说：因果律之不能为经验所推翻，是因它以一切“可能的经验”为对象，因此不确定论对于康德的先天论不仅无冲突之点，而且根本上是一致的。但是什么是所谓“可能的经验”呢？从康德的哲学立场言，无疑的就是因果律之为科学知识的假定与任何事实的经验，都无不适合的，不过因果律在这样意义之下，虽具有康德哲学的意义，但对于实际是无所主张的，这样的因果命题事实上仅是一个同语反复（die Tautologie）。假如一个命题对于实际有所主张，那么它必须仅能与一定的经验相适合，而不能与任何的经验都适合。仅有关于同语反复的命题，因其对于实际一无主张，所以才能与一切“可能的经验”相适合了。这样的命题譬如说今天是天晴或下雨，现在是九点或十点钟，仅有它是与任何经验相适合而不能为经验所证明或推翻的。因果律假如在这个意义之下，那么它的确不能为量子物理学所能推翻，不过量子物理学不能推翻它，否定它，并不是因其为一种“先天综合判断”，而是因其为一种同语反复而已。

假如新康德派中人又说：因果律既不是一种一般的实际命题，也不是一个同语反复的判断，而是一切知识的基本假定。所谓一切知识的基本假定者，就是每种实际知识之有其可能性，即为它具有这个假定所指示的必然条件，如是它先于知识而存在的，是所谓“先验的”，如是它自然不能再为任何知识所否定。不过我们说过欧几里得几何学之为空间科学已不能在这个意义下存在，所以因果律复从这一点保持原有作用，也是徒然的。维也纳学派中人说过：“物理学已创造了一个新的场合”，在这场合下，因果律之为知识的必然假定，如以前一般哲学家所主张，是绝对不可能的。自然律已自己决定其知识假定，这是量子物理学所发现的空间的伟大创举。所以某一种科学理论原则在任何事实之下，必须维持其效用，是毫无目的的，因为无论怎样的知识假定，都是由经验从相反的知识假定的发见中而又否定的。

从量子物理学对于因果问题的影响之分析结论而言，无论因果之为关于实际的命题或者具先天性的实际判断，或为一种知识的基本假定，都无实际的意义和存在的理由。“因果律失效”是一件科学的事实，是根本无法从任何哲学思辨中所能否定的。不过现代物理学认为“因果律失效”在哲学上的意义，并不是如一般物理学家所言是原则的，而不是事实的，实际上一切科学的经验命题，都是具有归纳性的命题，我们对于这类命题仅能视为一种无逻辑根据的假设，所以从任何经验命题中并不能证明其他经验命题的“或然等级”（die Wahrscheinlichkeitsgrade），量子物理学对于因果律失效所给哲学上的意义，因此仅为事实的而不是原理的。因为任何科学家、哲学家也不能绝对否定在科学之再进展中，因果律之为自然律的基本形式之为科学理论的基础，又将恢复它在理论上和事实上的应用性，又将恢复它过去对于学术文化的贡献与价值了。

（五）“物自体”的“不可知”问题

康德还认为一切实际知识的对象是在于“现象”，可不在于“物自体”。“现象”因其能接受“思维形式”的应用可能性，所以我们对之能有所认识，至于“物自体”不能接受如此的可能性，于是我们对之只有“不可知”了。其实康德之所谓知识的对象在于“现象”但不在于“物自体”是根本错误的，而且我们对于这个错误点也非常的容易说明。康德认为一种“现象”的存在必须背后有一物的存在。所谓“现象”者就是表示它为某一物一定的现象。不过康德在事实上所未见到的，假如我们将代表背后某一物的现象的关系根本就不认为固定的不变的，那么这就是表示这个现象并不是与背后一物有一定的关系，它并不能代表某一物或为某一物的现象，它是独立存在的，于是我们就不能从某种“现象”上而推论到本体或“物自体”，于是康德所谓“物自体”与“现象”在客观认识上的区分，就根本失了它的意义了。其实某种形式关系对于实际有所配合有所叙述，则所谓“超感能的”如“物自体”的对象是必须假定的。假如这种形式关系对于实际能有所传达有所认识，那么就不能说它所传达的我们因之而认识的仅在于“现象”但不在于“物自体”；它必须在原则上对于这两个不同境界中的对象具有相同作用的。我们对于能认识与不能认识的对象的区别，仅在于它是属于能传达的或不能传达的对象，可不在于“现象”与“物自体”。康德由于不了解认识与理会的作用，所以认为“超感能的”对象是不能认识的，认识的仅属于“现象”的对象。其实“超感能的”对象不是不能认识，仅是不能理会。仅有属于现象的对象才能理会，可是我们对于它是无法“认识”的，关于这一点罗素在他的《数学哲学入门》中曾说过：“假如一个语句能有传达的意义，那么必须对于这两个不同的境界有其作用，或者一无作用，在这里所能区别的仅在于个体方面而已。但是这个个体上的区别是不能表说的，因此它对于科学是毫无意义可言的。”

康德之所谓“物自体”的不可知，不仅是具有上述的错误，就是从逻辑上而言，也是不成其为问题的。从逻辑方面而言，假如我们对于实际事物有问题提出，事实上就是我们对于某些事实有新的表达，所以某一个问题之能否答复，即为那个问题对于某些事实的表达之真或假。我们对于某个问题之能真或假在原则上的确定，自然在于那个问题之能有无意义；凡是能真能假的问题都有其意义，仅有一种不能真或假的问题，才是绝对无意义的。至于我们用以确定某个问题之真或假或有无意义的标准，则在于那个问题的证实方法（die Methode der Verifikation）之说明。所谓说明某个问题的证实方法就是了解某个问题与事实的比较手续，认识某个问题的事实根据，因为一切实际问题都期于对事实有所表达，所以它之为真为假，必须与事实有比较的可能，有事实证实的必要。假如一个问题无论事实如何不能证实它之为真为假，反之它之为真为假亦与任何事实无何关系，那么这个问题一定对于事实无所表达，它一定是根本不成其为问题了。

我们认为康德之所谓“不可知”根本不成其为问题者，即因我们对于这些问题的证实方法根本就无法说明。换句话说：我们对于这些问题既无法找到事实的比较手续，亦无法确定其在事实上的有任何根据；这些问题事实上仅为一个无事实对象的实际表达，无事实内容的实际问题。而且我们对于这些问题的证实方法所不能说明的，不是事实的，而是原则的。一个事实上不能说明其证实方法的问题，我们还能假定其为问题的可能性而归咎于人类知识在理论上和技术上的缺点，但是一个原则上不能说明其证实方法的问题，则等于说我们对于它根据任何事实不能确定其为真为假，它是从真或假上根本不能了解的。那么这类的问题，自然不成其为问题，或者如维也纳学派中人所说仅为一无意义的“似是而非的问题”（die Scheinfrage）而已。

（六）结论

综上所言，即不难明了康德的先天论与现代科学的关系是怎样的了。康德的先天论与现代科学，无论从理论原则上和思想方法上而言，都是根本不相容的，所以现代科学在发展上的意义，在理论方面可以说是恰好证明经验论的哲学观念在科学上的作用，以及对于一切非经验的直观的形而上学的理论原则的摈弃。固然自然科学之为经验科学，并专从经验以谋其发展，这是欧洲科学传统的精神之所在，只是经过现代科学的发展而始实现其企图而已。所以现代科学的精神与意义自然与古典科学的根本不同了，这一点不仅是康德的先天论在现代科学中失去它过去的地位之原因，同时也是一切其他非科学的形而上学的哲学学派与康德的批判哲学具有同样的命运的原因了。固然哲学对于科学理论的发展，仍不失其过去的作用和效能，只是它这样的作用和效能，不在于能用之以建立支配科学的哲学系统，而在于从科学真理在逻辑上的意义的说明中，以为科学以理论原则上和思想方法上的参考而已。这就是维也纳学派用之以建立所谓“科学世界观”（die wissenschaftliche Weltauffassung）的事实根据和理论基础，同时我们认为维也纳学派之能代表现代科学精神的哲学，康德或新康德派的先天论则不能的理由，也在于此了。

原载《学原》第一卷第六期　1947年10月

参考书目

本参考书目除开列的石里克的著作外，所列其他各书皆为了解维也纳学派之必读书目。

一、关于维也纳学派以内者

（一）A. 卡尔纳普（A. Carnap）

1. 《世界的逻辑构造》，柏林，1928。

Der logische Aufbau der Welt, Berlin, 1928.

2. 《哲学中的似是而非问题》，柏林，1928。

Scheinprobleme in der Philosophie, Berlin, 1928.

3. 《用语言的逻辑分析克服形而上学》载于《认识》杂志，1932。

Überwindung der Metaphysik durch logische Analyse der

Sprache, "*Erkenntnis*", 1932.

（二）Ph. 弗兰克（Ph. Frank）

《因果律及其界限》，维也纳，1932。

Das Kausalgesetz und sein Grenze, Wien, 1932.

（三）H. 汉恩（H. Hahn）

《逻辑、数学与自然认识》，载于《统一科学》第二期。

Logik, Mathematik und Naturerkenntnis, "*Einheitswissenschaft*" H. 2.

（四）A. 费格尔（A. Feigl）

《物理学的理论与经验》，卡尔斯鲁厄，1929。

Theorie und Erfahrung in der Physik, Karlsruhe, 1929.

（五）R. V. 米赛斯（R. V. Mises）

《或然性、统计学与真理》，维也纳，1926。

Wahrscheinlichkeit, Statistik und Wahrheit, Wien, 1926.

（六）K. 波普尔（K. Popper）

《研究的逻辑》，维也纳，1935。

Die Logik der Forschung, Wien, 1935.

（七）F. 魏斯曼（F. Waismann）

1. 《或然性概念的逻辑分析》，载于《认识》杂志，1929。

Die logische Analysis des Wahrscheinlichkeitsbegriffes, *Erkenntnis,* 1929.

2. 《数学思维入门》，维也纳，1936。

Einführung in die mathemateschen Denken, Wien, 1936.

（八）L. 维特根斯坦（L. Wittgensten）

《逻辑哲学论》，伦敦，1922。

Tractatus Logico-philosophicus, London, 1922.

（九）E. 齐策尔（E. Zizel）

《应用问题》，莱比锡，1916。

Das Anwerdungsproblem, Leipzig, 1916.

二、关于维也纳学派以外者

（一）H. 贝格曼（H. Bargmann）

《物理学中因果律之论争》，布伦瑞克，1929。

Der Kampf um das Kausalgesetz in der Physik, Braunschweig, 1929.

（二）G. 弗雷格（G. Frege）

《算数基础》，布雷斯洛，1934。

Grundlage der Arithemetik, Breslau, 1934.

（三）D. 休谟（D. Hume）

《人性论》

Treatise upon Human Nature

（四）W. 海森堡（W. Heisenberg）

《自然科学基础的变迁》，莱比锡，1935。

Wandlungen in den Grundlagen der Naturwissenschaft, Leipzig, 1935.

（五）I. 康德（I. Kant）

《纯粹理性批判》

Kritik der reinen Vernunft

（六）E. 马赫（E. Mach）

《感觉的分析》，耶拿，1911。

Analysis der Empfindung, Jena, 1911.

（七）M. 普朗克（M. Planck）

《物理认识的途径》，莱比锡，1934。

Weg zur physikalischen Erkenntnis, Leipzig, 1934.

（八）H. 彭加勒（H. Poincare）

《科学与假说》，莱比锡，1914。

Wissenschaft und Hypothese, Leipzig, 1914.

（九）H. 赖辛巴赫（H. Reichenbach）

1. 《世界的因果结构和过去与未来的差异》，慕尼黑，1925。

Die Kausalstruktur der Welt und der Unterschied zwischen Vergangenheit und Zukunft, Münschen, 1925.

2. 《物理学中的因果律》，载《自然科学》，1931。

Des Kausalproblem in der Physik, *die Naturwissenschaft*, 1931.

（十）B. 罗素（B. Russell）

1. 《我们对外部世界的认识》，莱比锡，1926。

Unser Wissen von der Aussenwelt, Leipzig, 1926.

2. 《数理哲学引论》，慕尼黑，1923。

Einführung in die mathematischen Philosophie, Münschen, 1923.

3. 《哲学问题》，柏林，1925。

Das Problem der Philosophie, Berlin, 1925.

4. 《物的哲学》，莱比锡，1929。

Die Philosophie der Materie, Leipzig, 1929.

（十一）F. 拉姆齐（F. Ramsey）

《数学基础》，伦敦，1926。

Fundations of mathematics, London, 1926.

（十二）H. 魏尔（H. Weyl）

《数学和自然科学的哲学》，汉堡，1925。

Philosophie der Mathematik und der Naturwissenschaft, Hamburg, 1925.

三、石里克著作目录

（一）《非均匀层中的光的反射》（博士论文），柏林，1904。

Über die Reflexion des Lichtes in einer inhomogenen Schicht. Diss, Berlin, 1904.

（二）《生活智慧　喜悦学说的一次试验》，慕尼黑，1908。

Lebensweisheit, Versuch einer Glückseligkeitslehre, Münschen, 1908.

（三）《发展史阐述中的美学基本问题》载《心理学总案卷》第14卷，1909。

Das Grundproblem der Ästhetik in entwicklungsgeschichtlicher Beleuchtung, (*Archiv f. d. gesamte Psychologie* Bd 14.) 1909.

（四）《自然科学与哲学概念形成的界限》载于《科学哲学》第34卷，1910。

Die Grenze der naturwissenschaftlichen und philosophischen Begriffsbildung (*Vierteljahrsschrift f. wissenschaftl. Philosophie.* Bd. 34.), 1910.

（五）《遵循现代逻辑的真理本质》（取得大学授课资格的论文，出处同上），1910。

Das Wesen der Wahrheit nach der modernen Logik (Habil. Schrift. ibd.), 1910.

（六）《存在直觉认识吗？》（出处同上，第37卷），1913。

Gibt es intuitive Erkenntnis? (ibd. Bd. 37.), 1913.

（七）《相对性原理的哲学意义》载《哲学与哲学批判》杂志第159卷，1915。

Die philosophische Bedeutung des Relativitätsprinzips（*Zeitschr. f. Philosophie u. phil. Kritik*, Bd. 159.), 1915.

（八）《空间的观念性，介入与心理物理学问题》载《科学哲学》第40卷，1916。

Idealität des Raumes. Introjektion und psychophysisches Problem (*Vierteljahrsschr. f. wissenschaftl. Philosophie*, Bd. 40.), 1916.

（九）《现代物理学中的空间与时间，相对论与引力论理解导论》1917年版，1922年第4版。

Raum und Zeit in der gegenwärtigen Physik, Zur Einführung in das Verständnis der Relativitäts- und Gravitationstheorie, 1917. 4. Aufl. 1922.

（十）《现象与本质》载《康德研究》第22卷，1918。

Erscheinung und Wesen (*Kant-Studien*, Bd. 22.), 1918.

（十一）《普通认识论》（自然科学专集和教本第1卷），柏林，1918年版，1925年第2版。

Allgemeine Erkenntnislehre (Naturwissenschaftl. Monographienund Lehrbücher, Bd. I.) Berlin, 1918. 2. Aufl. 1925.

（十二）《关于因果原理的自然科学考察》载《自然科学》第8卷，1920。

Naturphilosophische Betrachtungen über das Kausalprinzip (*DieNaturwissenschaften*, Bd. 8.), 1920.

（十三）《认识论理论家霍姆赫茨》（收录于《物理学家、生理学家与哲学家霍姆赫茨》），卡尔斯鲁厄，1922。

Helmholtz als Erkenntnistheoretiker, (In: *Helmholtz als Physiker, Physiologe und Philosoph.*) Karlsruhe, 1922.

（十四）《哲学中的相对论》载《德国自然科学家与医生联合会第87次年会议论文集》，1922。

Die Relativitaetstheorie in der Philosophie (*Verhandlungen d.Gesellsch. deut. Naturforscher u. Ärzte. 87. Versammlung.*), 1922.

（十五）《现代物理学的经验论解释之批判》载《康德研究》第26卷，1924。

Kritizistische der empiristisehen Deutung der modernen Physik (*Kant-Studien*, Bd. 26.), 1924.

（十六）《自然哲学》（收于《哲学教科书》第2卷，冯·德斯瓦尔出版），柏林，1925。

Naturphilosophie (In: *Lehrbuch der Philosophie*, hrg. V.Dessoir. Bd. 2), Berlin, 1925.

（十七）《体验、知识、形而上学》载《康德研究》第31卷，1926。

Erleben, Erkennen, Metaphysik (*Kant-Studie*, Bd. 31.), 1926.

（十八）《关于生活的意义》载《学术报告会》第6期，1927。

Vom Sinn des Lebens (*Symposion*. H. 6), 1927.

（十九）《认识论与现代物理学》载《科学》，1929。

Erkenntnistheorie und moderne Physik (*Scientia*.), 1929.

（二十）《伦理学问题》载《科学世界观论文集》第4卷，维也纳，1930。

Fragen der Ethik (*Schriften z. Wissensch. Weltauffassung*, Bd.4.), Wien, 1930.

（二十一）《哲学的转折》载《认识》第1卷，1930。

Die Wende der Philosophie (*Erkenntnis*, Bd. I.), 1930.

（二十二）《现代物理学中的因果性》载《自然科学》第19卷，1931。

Die Kausalität in der gegenwärtigen Physik (*Die Naturwissenschaften*, Bd. 19.), 1931.

（二十三）《哲学的未来》载《第七届国际哲学会议记录》，伦敦，1931。

The Future of Philosophy (*Proc. Seventh Intern. Congr. Of Phil.* 1930.), London, 1931.

（二十四）《实证论与现实主义》载《认识》第3卷，1932。

Positivismus und Realismus (*Erkenntnis*, Bd. III.), 1932.

（二十五）《日常生活和科学中的因果性》，美国加州大学出版物，1932。

Causality in Every Day Life and Science (University of California Publications in Philosophy.), 1932.

（二十六）《哲学的未来》（太平洋大学出版物，第1

卷），1932。

The Future of Philosophy (College of the Pacific Publications in Philosophy. V. I.）, 1932.

（二十七）《经验新哲学》（出处同上）。

A New Philosophy of Experience (ibd.), 1932.

（二十八）《关于认识的基础》载《认识》第4卷，1934。

Über das Fundament der Erkenntnis (*Erkenntnis*, Bd. IV.), 1934.

（二十九）《哲学与自然科学》（出处同上）。

Philosophie und Naturwissenchaft.(ibd.), 1934.

（三十）《哲学的表述与外界的现实》载于《科学与工业现实》第152卷，巴黎，1934。

Les énoncés philosophiques et la réalité du monde extérieur (*Actualités scientifiques et industrielles* T. 152.), Paris, 1934.

（三十一）《论整体概念》载于《认识》第5卷，1936。

Über den Begriff der Ganzheit. *Erkenntnis*, Bd. V., 1935.

（三十二）《心理学与物理学概念之间的关系》载《综合》杂志第10卷，巴黎，1935。

De la relation entre les notions psychologiques et les notionsphysiques (*Revue de synthèse* T. 10.), Paris, 1935.

（三十三）《论据与命题》载于《分析》第2卷，1935。

Fact and propositions (*Analysis*. V. 2.), 1935.

（三十四）《论整体概念》（维也纳大学哲学学会年度科学报告），1933—1935。

Über den Begriff der Ganzheit (*Wissenschaftl. Jahresberichted. philosoph. Gesellschaft a. d. Univ. Wien*), 1933—1935.

（三十五）《无法回答的问题》载《哲学家》第13卷，1935。

Unanswerable Questions? (*The Philosopher.* V. 13.), 1935.

（三十六）《在认识的基础上》载于《科学与工业现实》第29卷，巴黎，1935。

Sur le fondements de la connaissance (*Actualités scientifique etindustrielles.* T. 29.), Paris, 1935.

（三十七）《自然规律是常规的吗？》（出处同上，第391卷），巴黎，1935。

Sind die Naturgesetze Konventionen? (ibd.T. 391.), Paris, 1936. (*Actes du Congrès International de Philosophie Scientifique*, Paris 1935.)

（三十八）《规律与或然性》（同上）

Gesetz und Wahrscheinlichkeit (ibd.), Paris, 1936. (*Actes du*

Congrès international de Philosophie Scientifique, Paris 1935.)

（三十九）《意义与证实》载于《哲学评论》第45卷，1936。

Meaning and Verification (*Philosophical Review.* V. 45.), 1936.

国家新闻出版广电总局
首届向全国推荐中华优秀传统文化普及图书

大家小书书目

国学救亡讲演录	章太炎　著　蒙　木　编
门外文谈	鲁　迅　著
经典常谈	朱自清　著
语言与文化	罗常培　著
习坎庸言校正	罗　庸　著　杜志勇　校注
鸭池十讲（增订本）	罗　庸　著　杜志勇　编订
古代汉语常识	王　力　著
国学概论新编	谭正璧　编著
文言尺牍入门	谭正璧　著
日用交谊尺牍	谭正璧　著
敦煌学概论	姜亮夫　著
训诂简论	陆宗达　著
金石丛话	施蛰存　著
常识	周有光　著　叶　芳　编
文言津逮	张中行　著
经学常谈	屈守元　著
国学讲演录	程应镠　著
英语学习	李赋宁　著
中国字典史略	刘叶秋　著
语文修养	刘叶秋　著
笔祸史谈丛	黄　裳　著
古典目录学浅说	来新夏　著
闲谈写对联	白化文　著
汉字知识	郭锡良　著
怎样使用标点符号（增订本）	苏培成　著
汉字构型学讲座	王　宁　著

诗境浅说	俞陛云　著
唐五代词境浅说	俞陛云　著
北宋词境浅说	俞陛云　著
南宋词境浅说	俞陛云　著
人间词话新注	王国维　著　滕咸惠　校注
苏辛词说	顾　随　著　陈　均　校
诗论	朱光潜　著
唐五代两宋词史稿	郑振铎　著
唐诗杂论	闻一多　著
诗词格律概要	王　力　著
唐宋词欣赏	夏承焘　著
槐屋古诗说	俞平伯　著
词学十讲	龙榆生　著
词曲概论	龙榆生　著
唐宋词格律	龙榆生　著
楚辞今绎讲录	姜亮夫　著
读词偶记	詹安泰　著
中国古典诗歌讲稿	浦江清　著 浦汉明　彭书麟　整理
唐人绝句启蒙	李霁野　著
唐宋词启蒙	李霁野　著
唐诗研究	胡云翼　著
风诗心赏	萧涤非　著　萧光乾　萧海川　编
人民诗人杜甫	萧涤非　著　萧光乾　萧海川　编
唐宋词概说	吴世昌　著
宋词赏析	沈祖棻　著
唐人七绝诗浅释	沈祖棻　著
道教徒的诗人李白及其痛苦	李长之　著
英美现代诗谈	王佐良　著　董伯韬　编
闲坐说诗经	金性尧　著
陶渊明批评	萧望卿　著

古典诗文述略　　吴小如　著

诗的魅力

——郑敏谈外国诗歌　　郑　敏　著

新诗与传统　　郑　敏　著

一诗一世界　　邵燕祥　著

舒芜说诗　　舒　芜　著

名篇词例选说　　叶嘉莹　著

汉魏六朝诗简说　　王运熙　著　董伯韬　编

唐诗纵横谈　　周勋初　著

楚辞讲座　　汤炳正　著

汤序波　汤文瑞　整理

好诗不厌百回读　　袁行霈　著

山水有清音

——古代山水田园诗鉴要　　葛晓音　著

红楼梦考证　　胡　适　著

《水浒传》考证　　胡　适　著

《水浒传》与中国社会　　萨孟武　著

《西游记》与中国古代政治　　萨孟武　著

《红楼梦》与中国旧家庭　　萨孟武　著

《金瓶梅》人物　　孟　超　著　张光宇　绘

水泊梁山英雄谱　　孟　超　著　张光宇　绘

水浒五论　　聂绀弩　著

《三国演义》试论　　董每戡　著

《红楼梦》的艺术生命　　吴组缃　著　刘勇强　编

《红楼梦》探源　　吴世昌　著

《西游记》漫话　　林　庚　著

史诗《红楼梦》　　何其芳　著

王叔晖　图　蒙　木　编

细说红楼　　周绍良　著

红楼小讲　　周汝昌　著　周伦玲　整理

曹雪芹的故事	周汝昌　著　周伦玲　整理
古典小说漫稿	吴小如　著
三生石上旧精魂 ——中国古代小说与宗教	白化文　著
《金瓶梅》十二讲	宁宗一　著
中国古典小说十五讲	宁宗一　著
古体小说论要	程毅中　著
近体小说论要	程毅中　著
《聊斋志异》面面观	马振方　著
《儒林外史》简说	何满子　著
我的杂学	周作人　著　张丽华　编
写作常谈	叶圣陶　著
中国骈文概论	瞿兑之　著
谈修养	朱光潜　著
给青年的十二封信	朱光潜　著
论雅俗共赏	朱自清　著
文学概论讲义	老　舍　著
中国文学史导论	罗　庸　著　杜志勇　辑校
给少男少女	李霁野　著
古典文学略述	王季思　著　王兆凯　编
古典戏曲略说	王季思　著　王兆凯　编
鲁迅批判	李长之　著
唐代进士行卷与文学	程千帆　著
说八股	启　功　张中行　金克木　著
译余偶拾	杨宪益　著
文学漫识	杨宪益　著
三国谈心录	金性尧　著
夜阑话韩柳	金性尧　著
漫谈西方文学	李赋宁　著
历代笔记概述	刘叶秋　著

周作人概观	舒　芜　著
古代文学入门	王运熙　著　董伯韬　编
有琴一张	资中筠　著
中国文化与世界文化	乐黛云　著
新文学小讲	严家炎　著
回归，还是出发	高尔泰　著
文学的阅读	洪子诚　著
中国文学1949—1989	洪子诚　著
鲁迅作品细读	钱理群　著
中国戏曲	么书仪　著
元曲十题	么书仪　著
唐宋八大家 ——古代散文的典范	葛晓音　选译
辛亥革命亲历记	吴玉章　著
中国历史讲话	熊十力　著
中国史学入门	顾颉刚　著　何启君　整理
秦汉的方士与儒生	顾颉刚　著
三国史话	吕思勉　著
史学要论	李大钊　著
中国近代史	蒋廷黻　著
民族与古代中国史	傅斯年　著
五谷史话	万国鼎　著　徐定懿　编
民族文话	郑振铎　著
史料与史学	翦伯赞　著
秦汉史九讲	翦伯赞　著
唐代社会概略	黄现璠　著
清史简述	郑天挺　著
两汉社会生活概述	谢国桢　著
中国文化与中国的兵	雷海宗　著
元史讲座	韩儒林　著

魏晋南北朝史稿	贺昌群　著
汉唐精神	贺昌群　著
海上丝路与文化交流	常任侠　著
中国史纲	张荫麟　著
两宋史纲	张荫麟　著
北宋政治改革家王安石	邓广铭　著
从紫禁城到故宫——营建、艺术、史事	单士元　著
春秋史	童书业　著
明史简述	吴　晗　著
朱元璋传	吴　晗　著
明朝开国史	吴　晗　著
旧史新谈	吴　晗　著　习　之　编
史学遗产六讲	白寿彝　著
先秦思想讲话	杨向奎　著
司马迁之人格与风格	李长之　著
历史人物	郭沫若　著
屈原研究（增订本）	郭沫若　著
考古寻根记	苏秉琦　著
舆地勾稽六十年	谭其骧　著
魏晋南北朝隋唐史	唐长孺　著
秦汉史略	何兹全　著
魏晋南北朝史略	何兹全　著
司马迁	季镇淮　著
唐王朝的崛起与兴盛	汪　篯　著
南北朝史话	程应镠　著
二千年间	胡　绳　著
论三国人物	方诗铭　著
辽代史话	陈　述　著
考古发现与中西文化交流	宿　白　著
清史三百年	戴　逸　著

清史寻踪	戴　逸　著
走出中国近代史	章开沅　著
中国古代政治文明讲略	张传玺　著
艺术、神话与祭祀	张光直　著
	刘　静　乌鲁木加甫　译
中国古代衣食住行	许嘉璐　著
辽夏金元小史	邱树森　著
中国古代史学十讲	瞿林东　著
宾虹论画	黄宾虹　著
中国绘画史	陈师曾　著
和青年朋友谈书法	沈尹默　著
中国画法研究	吕凤子　著
桥梁史话	茅以升　著
中国戏剧史讲座	周贻白　著
中国戏剧简史	董每戡　著
西洋戏剧简史	董每戡　著
俞平伯说昆曲	俞平伯　著　陈　均　编
新建筑与流派	童　寯　著
论园	童　寯　著
拙匠随笔	梁思成　著　林　洙　编
中国建筑艺术	梁思成　著　林　洙　编
沈从文讲文物	沈从文　著　王　风　编
中国画的艺术	徐悲鸿　著　马小起　编
中国绘画史纲	傅抱石　著
龙坡谈艺	台静农　著
中国舞蹈史话	常任侠　著
中国美术史谈	常任侠　著
说书与戏曲	金受申　著
世界美术名作二十讲	傅　雷　著
中国画论体系及其批评	李长之　著

金石书画漫谈	启 功 著 赵仁珪 编
吞山怀谷——中国山水园林艺术	汪菊渊 著
故宫探微	朱家溍 著
中国古代音乐与舞蹈	阴法鲁 著 刘玉才 编
梓翁说园	陈从周 著
旧戏新谈	黄 裳 著
民间年画十讲	王树村 著 姜彦文 编
民间美术与民俗	王树村 著 姜彦文 编
长城史话	罗哲文 著
天工人巧——中国古园林六讲	罗哲文 著
现代建筑奠基人	罗小未 著
世界桥梁趣谈	唐寰澄 著
如何欣赏一座桥	唐寰澄 著
桥梁的故事	唐寰澄 著
园林的意境	周维权 著
万方安和——皇家园林的故事	周维权 著
乡土漫谈	陈志华 著
现代建筑的故事	吴焕加 著
中国古代建筑概说	傅熹年 著
简易哲学纲要	蔡元培 著
大学教育	蔡元培 著 北大元培学院 编
老子、孔子、墨子及其学派	梁启超 著
春秋战国思想史话	嵇文甫 著
晚明思想史论	嵇文甫 著
新人生论	冯友兰 著
中国哲学与未来世界哲学	冯友兰 著

谈美	朱光潜　著
谈美书简	朱光潜　著
中国古代心理学思想	潘　菽　著
新人生观	罗家伦　著
佛教基本知识	周叔迦　著
儒学述要	罗　庸　著　杜志勇　辑校
老子其人其书及其学派	詹剑峰　著
周易简要	李镜池　著　李铭建　编
希腊漫话	罗念生　著
佛教常识答问	赵朴初　著
维也纳学派哲学	洪　谦　著
大一统与儒家思想	杨向奎　著
孔子的故事	李长之　著
西洋哲学史	李长之　著
哲学讲话	艾思奇　著
中国文化六讲	何兹全　著
墨子与墨家	任继愈　著
中华慧命续千年	萧萐父　著
儒学十讲	汤一介　著
汉化佛教与佛寺	白化文　著
传统文化六讲	金开诚　著　金舒年　徐令缘　编
美是自由的象征	高尔泰　著
艺术的觉醒	高尔泰　著
中华文化片论	冯天瑜　著
儒者的智慧	郭齐勇　著
中国政治思想史	吕思勉　著
市政制度	张慰慈　著
政治学大纲	张慰慈　著
民俗与迷信	江绍原　著　陈泳超　整理
政治的学问	钱端升　著　钱元强　编

从古典经济学派到马克思	陈岱孙　著
乡土中国	费孝通　著
社会调查自白	费孝通　著
怎样做好律师	张思之　著　孙国栋　编
中西之交	陈乐民　著
律师与法治	江　平　著　孙国栋　编
经济学常识	吴敬琏　著　马国川　编

中国化学史稿	张子高　编著
中国机械工程发明史	刘仙洲　著
天道与人文	竺可桢　著　施爱东　编
中国医学史略	范行准　著
优选法与统筹法平话	华罗庚　著
数学知识竞赛五讲	华罗庚　著
中国历史上的科学发明（插图本）	钱伟长　著

出版说明

“大家小书”多是一代大家的经典著作，在还属于手抄的著述年代里，每个字都是经过作者精琢细磨之后所拣选的。为尊重作者写作习惯和遣词风格、尊重语言文字自身发展流变的规律，为读者提供一个可靠的版本，“大家小书”对于已经经典化的作品不进行现代汉语的规范化处理。

提请读者特别注意。

北京出版社